*E 882
E a 3

De [?]

DU DROIT PUBLIC

ET DU DROIT DES GENS.

TOME III.

DU DROIT PUBLIC

ET DU DROIT DES GENS,

ou

PRINCIPES

D'ASSOCIATION CIVILE ET POLITIQUE;

SUIVIS D'UN PROJET DE PAIX GÉNÉRALE ET PERPÉTUELLE.

PAR J. J. B. GONDON.

Respice res bello varias.
AEneid. lib. xii.

PARIS,

IMPRIMERIE DE BRASSEUR AINÉ.

1807.

DU DROIT PUBLIC

ET DU DROIT DES GENS,

OU

PRINCIPES D'ASSOCIATION

CIVILE ET POLITIQUE.

~~~~~~~~~~~~~~~~~~~~~~~~~~~~~~~~~~~

LIVRE SIXIÈME.

De la Perfection de la Société de peuple à peuple par l'institution d'un Gouvernement politique qui doit établir la paix générale et perpétuelle.

~~~~~~~~~~~~~~~~~~~~~~~~~~~~~~~~~~~

CHAPITRE PREMIER.

Démonstration préliminaire de la possibilité et de l'utilité du Gouvernement politique.

JE me propose de tracer le plan d'un gouvernement qui protège avec une force générale tous les états de l'Europe, et qui, réunissant

3.

en lui-même toutes les volontés nationales, garantisse les gouvernemens civils les uns par les autres, et leur procure à tous la paix.

Pour parvenir à ce but il faudra trouver un moyen qui concentre les différens intérêts des nations européennes, et conserve à chacune ses propriétés, ses droits, sa liberté, son indépendance, par l'accord de toutes les volontés, sous la protection d'une force commune: or, les intérêts nationaux ne sont point opposés à l'égard de la paix, puisque le bien qui en dépend doit être commun. Chaque état en jouira également et librement; ce sera comme s'il n'y avait qu'un seul peuple dans l'Europe, quoiqu'il y ait différens gouvernemens civils, qui, selon mon institution, ne formeront plus qu'un même *gouvernement politique*. (1)

---

(1) Je dois fixer le sens de ce mot, afin de donner plus de clarté à mes idées : dans l'acception commune on entend par *gouvernement politique* le rapport existant du prince aux sujets, ce qui constitue l'*état*; et moi j'appelle *gouvernement politique* le rapport dérivant d'une nation à l'autre. Quand on manque de termes pour exprimer ses idées il faut en créer de nouveaux, ou donner aux anciens une nouvelle application, en le

On ne peut établir la paix européenne que par la séparation la plus claire, ou par la réunion la plus étroite des différens intérêts nationaux : or, la contiguité des états et la communication des peuples rendent impossible la séparation totale de leurs intérêts ; séparation qui d'ailleurs, s'il était possible de la faire, les rendrait malheureux, parce qu'en les éloignant les uns des autres elle leur ferait perdre tous les avantages du commerce : il importe donc de les réunir.

Si l'opposition des intérêts des états rend nécessaire l'institution du gouvernement politique, l'union possible des mêmes intérêts le fait établir. C'est ce qu'il y a de commun dans les différens intérêts nationaux qui doit former le lien des empires : or, c'est sur la

_____

faisant, comme je l'ai observé, d'une manière claire et précise ; car l'abus d'un mot qu'on présente dans un sens, et qu'on laisse entendre dans un autre, est la cause ordinaire des malheurs qui affligent l'humanité. Au reste, je pense que le gouvernement de chaque état particulier doit s'appeler plutôt *civil* que *politique* ; et pour lors la dénomination dont je me sers est parfaitement exacte.

J'observe encore que pour ne pas répéter trop souvent le même terme les mots *national* et *européen* seront quelquefois employés comme synonymes de celui de *politique*, qui exprime, comme nous le disons, les relations de peuple à peuple.

base de cet intérêt commun que notre gouvernement doit être fondé. Mais sera-t-il possible de réunir la volonté des divers souverains? Chaque monarque consentira-t-il à
mettre en communauté tous ses intérêts pour
en retirer seulement sa quote-part? Ne fera-t-il
pas une perte réelle en échangeant un tout
particulier contre une partie de ce tout, attendu qu'il ne devra avoir que sa portion de
la masse générale? Non; par la raison que,
s'il sacrifie son intérêt particulier en faveur
des autres, les autres sacrifieront le leur en faveur de lui, et qu'ainsi pour une privation il
obtiendra plusieurs jouissances. Il est vrai que
chaque gouvernement n'aura que sa part de
l'intérêt commun; mais il faut convenir que
la masse des intérêts particuliers fera autant
de fois celle du nombre des individus qui y
participeront, et que même dans cette réunion
les intérêts nationaux se multiplieront sous
bien des rapports par le moyen de la communication.

Pour sentir cette vérité mathématique il
faut considérer que chaque tout est composé
de plusieurs parties, et que ces parties sont
susceptibles d'être plus ou moins nombreuses,
plus ou moins grandes : par exemple, vingt

livres tournois peuvent former une somme totale, comme cent livres de la même monnaie peuvent former une autre somme totale; or, supposé que la somme de cent livres doive se partager également entre cinq individus, et que celle de vingt livres doive appartenir à un seul, chacun des six aura également la somme de vingt livres; et si d'après les règles économiques les cinq individus conviennent de manger ensemble la somme totale de cent livres, ils vivront plus commodément que le sixième qui mangera ses vingt livres seul. Tel a été le principe fondamental de toutes les sociétés humaines. Donc il doit être possible d'instituer le gouvernement politique, puisqu'il est avantageux à toutes les puissances.

Mais avec l'inégalité des empires, la différence des climats, la diversité des gouvernemens, et la variété des mœurs et des caractères des nations, comment cela pourra-t-il se faire? Comment concilier des puissances si considérables et si disparates? Comment établir sans contradiction de grands pouvoirs dans d'autres grands pouvoirs? Comment former avec harmonie de tous les divers gouvernemens civils un seul et même gouvernement politique? La solution de ce problême doit donner la paix générale. (1)

Jadis des hommes, naturellement dispersés dans l'Europe, se réunirent, les uns d'un côté, les autres de l'autre, pour former différentes sociétés civiles; ils choisirent des personnes à qui ils confièrent le soin du gouvernement intérieur et la direction de leurs forces particulières pour la sûreté générale. Aujourd'hui ces mêmes sociétés civiles, sous la direction de leurs souverains respectifs, doivent se réunir dans la même partie du monde pour former la grande société politique, et nommer aussi des personnes à qui elles remettront le soin du gouvernement extérieur avec une force suffisante pour leur procurer la paix.

Quoique les peuples de l'Europe soient,

---

(1) Après avoir trouvé cette solution il faudra encore, quelque utile que soit mon plan en lui-même, tâcher de persuader aux souverains qu'il leur importe de l'exécuter; et il sera certainement très-difficile, car les princes n'entendent guère leurs avantages respectifs; comme ils séparent ordinairement leur cause de celle des peuples, ils voient deux intérêts où ils ne devraient en voir qu'un. Si la chose était autrement il n'y aurait jamais de guerre parmi les nations.

comme les particuliers d'un état, soumis aux
lois qui dérivent de leurs rapports mutuels,
il y a pourtant cette différence entr'eux que les
peuples ne peuvent pas se réunir immédiatement dans la société politique, ainsi que l'ont
fait les particuliers dans la société civile; il faut
que les princes, qui sont les délégués des nations,
travaillent de concert à fonder ce gouvernement sur une base inébranlable en saisissant
le vrai lien des empires : cet acte de réunion
est même plus simple et plus facile que celui
qui a formé le gouvernement civil, parce
qu'il n'est question que de réunir dans l'Europe quatorze corps politiques qui sont autant
de peuples qui invoquent la paix.

L'inégalité des états et la différence des
gouvernemens ne mettent aucun obstacle à
cette grande institution, qui a pour objet de
réunir tous les intérêts nationaux; non, il
n'y a pas en Europe de puissance dont la nature empêche une institution qui ne dérive
que des rapports externes des empires unis
politiquement pour la commune sûreté : c'est
pour être à l'abri des invasions que chaque
état doit consentir à instituer le gouvernement
européen, et à lui donner tout ce qu'il demandera au nom de la paix générale.

Comme autrefois les hommes de la même contrée ont pu se réunir sous les mêmes lois civiles pour la commune conservation, aujourd'hui les peuples du même continent peuvent se réunir sous le même droit des gens pour la sûreté générale. En vain nous opposerait-on pour obstacle l'inégalité de leurs forces, de leurs moyens, de leurs richesses et de leur puissance; cette inégalité se trouve entre les individus comme entre les nations : en effet, dans les états il y a bien des particuliers plus forts, plus adroits, plus riches, plus éclairés, plus courageux les uns que les autres, et pourtant, malgré cette différence, ils vivent dans le même gouvernement civil, sous la protection duquel ils se sont réunis en corps de société. J'avoue que dans le commencement de l'association ils n'ont pu être inégaux en richesses ou en biens réels, puisqu'ils n'avaient pas encore de propriétés reconnues; mais ils étaient inégaux par la force du corps et les facultés de l'esprit. Pourquoi donc les peuples, nonobstant les différences qui se trouvent entr'eux, ne pourront-ils pas se réunir sous le même gouvernement politique?

Si l'on objecte qu'il y a plus d'inégalité

entre les états qui sont dans l'Europe qu'entre les particuliers qui vivent dans le même
état, je conviens que cela est vrai, si l'on
compare entr'eux autant d'états que de particuliers, attendu que, comme il existe des
empires dix fois plus peuplés que d'autres
empires, la différence est plus grande de leur
côté par le nombre infini des divers individus
que chacun d'eux renferme; mais si l'on compare un à un, non pas seulement autant de
particuliers qu'il y a d'états en Europe, mais
tous les particuliers qui sont réunis dans le
même état, il y aura certainement plus d'inégalité entr'eux, attendu que les qualités de
l'esprit et du corps varient à l'infini dans les
individus. Au reste, si l'on considère d'abord
que le nombre des états de l'Europe est très-
petit en comparaison du nombre des habitans
de chaque état; si l'on considère ensuite
qu'un particulier peut se trouver plus riche
et plus éclairé qu'un autre particulier, et être
moins robuste et moins courageux; si l'on
considère enfin que l'inégalité des états dérive
surtout de celle de leurs habitans, on verra que
sous ces trois rapports l'inégalité des citoyens,
soit Français, soit Espagnols, soit Allemands,
soit de tout autre pays, est infiniment plus

grande que celle des états européens : or,
cette inégalité, tant physique que morale, qui
se trouve entre les particuliers de chaque état
n'a pas empêché une foule d'individus de se
réunir sous les mêmes lois civiles. Donc il est
possible que quelques états de diverses grandeurs comme de différentes formes de gouvernemens se réunissent sous les mêmes lois politiques.

Après avoir reconnu la possibilité de cette
réunion j'ai examiné si l'on ne pourrait
pas établir dans l'Europe un seul gouvernement civil; car un gouvernement de
cette nature détruirait toutes les guerres
étrangères; il ne faudrait plus de troupes
pour mettre les états à couvert des invasions ennemies, parce qu'il n'y aurait plus de
bornes territoriales; il en faudrait seulement
pour maintenir l'ordre intérieur en assurant
l'exécution des lois : mais, outre qu'un état
de cette étendue ne pourrait se soutenir sur
sa base démesurée, car Rome s'écroula sous
le poids de sa grandeur, les différences caractéristiques qui existent entre les divers peuples
à raison des climats ne permettent pas de
former une semblable institution. Ce serait
encore un très-grand danger pour le genre

humain de se trouver exposé à la puissance
énorme d'une seule monarchie européenne ; il
faudrait qu'un dieu vînt se placer à la tête
de ce gouvernement pour qu'il n'abusât pas
de son immense pouvoir. D'ailleurs, comment trouver un juste rapport de la grandeur du génie du monarque avec l'étendue
de ce vaste empire ? car si pour rendre parfaite l'administration civile; si pour établir
un vrai rapport entre le gouvernant et les
gouvernés il fallait que les talens et les vertus
du prince se multipliassent en raison du nombre des sujets, et qu'il eût à éprouver lui
seul autant de sentimens de plaisir ou de
douleur qu'ils en éprouvent eux tous, combien serait plus incomplet encore le rapport
qui naîtrait d'un si vaste état entre les sujets
et le monarque ! Il faut donc chercher une
autre forme de gouvernement qui puisse procurer la paix à l'Europe sans nuire aux peuples ni aux souverains.

J'ai encore examiné si l'on ne pourrait pas
fonder parmi tous les peuples européens un
gouvernement fédératif qui pût leur procurer
une paix imperturbable avec les avantages
d'une bonne administration civile ; mais j'en
ai reconnu l'impossibilité : on ne pourrait éta-

blir une confédération de cette espèce qu'autant qu'il y aurait entre tous les gouvernemens l'unité de nature et l'unité de principe.
Or, celui qui voudrait composer un gouvernement fédératif des divers états européens
formerait un corps monstrueux qui se détruirait de ses propres mains. Enfin l'Europe con-
fédérée avec ses divers gouvernemens ressem-
blerait à une énorme machine qui aurait des
ressorts discordans : bien plus ; le droit civil
se trouvant confondu avec le droit des gens,
les lois qui en dépendent ne sauraient être
bien exécutées, parce qu'on attribuerait facilement aux unes ce qui appartient aux autres.
Il serait donc absurde de vouloir ranger sous
un gouvernement fédératif tous les états européens.

Au reste, la confédération de toutes les
puissances de l'Europe, s'il était possible, de
l'établir sous un même gouvernement civil,
nuirait plus à leur liberté particulière que ces
oppositions d'état à état qui empêchent le
flux et le reflux des peuples, et règlent les droits
des gouvernemens d'après une espèce de balance qui, de versatile qu'elle est, pourrait
devenir stable en l'établissant sur des contre-
poids égaux : or, il vaudrait mieux encore

que les états fussent sans gouvernement politique que de les constituer sous un gouvernement fédératif, parce que dans cette mutuelle dépendance les grandes puissances pe-
seraient trop sur les petites, et finiraient par
les écraser : d'ailleurs, tant d'états différem-
ment constitués ne pourraient subsister long-
tems dans une union fédérative; ils formeraient une trop grande masse de parties hété-
rogènes, ou, ce qui est la même chose, d'intérêts différens. Ce plan d'institution, qui supposerait une surveillance continuelle des gouvernemens les uns sur les autres, serait encore
impraticable à raison de la vaste étendue de
l'Europe : on ne voit guère de gouvernement
fédératif que parmi quelques villes ou quelques provinces qui se gouvernent d'une manière uniforme, et ne forment qu'un même
état sous un même chef. (1)

Il n'est donc pas question d'établir pour
les peuples européens un gouvernement fédératif; car il faudrait, comme je l'ai ob-

---

(1) Ce serait une agrégation de parties trop séparées,
qui conserveraient toujours une tendance à se diviser
autant par la diversité des caractères, des mœurs et des
opinions, que par l'inégalité des forces et des richesses.

servé, que tous les états fussent sous la même
forme de gouvernement ; mais il s'agit d'instituer un gouvernement politique sur la base
des relations qu'il y a de peuple à peuple.
Ce n'est pas ici une civilisation, mais une
popularisation (1) qu'il faut former : or,
toutes les différences physiques et morales
qui existent entre les nations n'empêchent pas
plus cette réunion politique que celles qui
existaient entre les particuliers d'un état n'ont
empêché leur réunion civile; car pour pouvoir former cette institution politique il n'est
pas nécessaire que tous les états aient l'unité
de nature et de principe; il suffit qu'ils aient
l'unité de rapport. J'avoue que leur réunion
serait plus parfaite s'ils avaient tous le même
gouvernement civil, parce qu'entre choses de

---

(1) Comme la civilisation s'entend de la société civile
ou d'homme à homme, la *popularisation* doit s'entendre
de la société politique ou de peuple à peuple; j'ai pris
ce mot dans une acception nouvelle, afin de pouvoir
exprimer une chose qui n'a pas encore existé, et
qui manque par conséquent de terme propre; et peut-
être la signification qu'il reçoit ici est plus exacte que
celle qu'on lui donne quand on annonce qu'*un tel individu se popularise;* ce qui ne peut se dire que dans
le sens figuré, vu qu'à proprement parler un être simple ne peut devenir un être composé.

la même nature le rapport serait meilleur;
pour lors on pourrait les réunir intérieurement dans le même gouvernement, et ce serait une vraie confédération; mais, attendu
l'impossibilité physique et morale qu'il y a
de le faire par les différences caractéristiques
des peuples, il faut les réunir extérieurement
pour conserver à chaque état sa forme de
gouvernement, ainsi que tous les avantages
qui résultent de sa constitution particulière.

Mais n'y a-t-il pas à craindre que dans cette
institution la différence des constitutions particulières ne brouille la constitution générale
de leur union, et ne cause de la mésintelligence entre les états ? Non; cette différence,
quelle qu'elle soit, ne pourra embarrasser la
marche du gouvernement politique, ni troubler l'accord des parties qui le composeront,
par la raison que cette société de peuples se
régira par des lois générales si bien distinctes
de leurs lois particulières, qu'elles deviendront parfaitement analogues à ce gouvernement.

Par ce gouvernement politique les états de
l'Europe conserveront leur indépendance au-
dedans, et établiront leur sûreté au-dehors :
en sorte que cette réunion, fédérative pour

ce qui regarde l'administration politique, ne le sera pas pour ce qui concerne l'administration civile : or, la différence qu'il y a entre l'union extérieure des états fédérés sous le même droit des gens, et l'union intérieure des états fédérés sous le même droit civil, c'est que dans celle-ci les divers membres représentatifs exercent la puissance exécutrice tant à l'égard du droit civil qu'à l'égard du droit des gens ; au lieu que dans celle - là les différens députés nationaux exercent le pouvoir exécutif seulement à l'égard du droit des gens ; car chaque prince ne se lie dans le gouvernement politique que pour sa sûreté extérieure, sans faire dépendre des autres l'exercice intérieur du pouvoir souverain : s'il en était autrement ils perdraient leur souveraineté.

Chaque état a une attraction sur lui-même par les richesses qu'il renferme dans son sein ; cette attraction, qui devrait être le vrai principe de son union avec les autres états, est précisément la cause des guerres qu'ils se font mutuellement : cela vient de ce que chaque puissance, trop jalouse de son intérêt, veut s'agrandir aux dépens des autres puissances ; mais ce n'est qu'un intérêt mal entendu, puisque dans l'ordre social comme dans l'ordre naturel le bien doit être réciproque parmi des êtres qui sont dépendans les uns des autres : or, la générosité ne s'allie point avec l'ingratitude, non plus que la félicité d'un peuple avec le malheur de l'autre ; mais la bienfaisance attire la bienfaisance, comme la cruauté provoque la cruauté : il n'y a point d'action sans réaction dans la nature. Les états gagneraient donc beaucoup plus de vivre en bonne intelligence, de se prêter secours que de se détruire par des guerres sanglantes.

Si les souverains faisaient attention à la grandeur de leur caractère, ils gouverneraient paisiblement leurs états au lieu de se signaler par des actions belliqueuses ; car qu'est-ce qu'un roi ? C'est un homme chargé des rênes du gouvernement pour le bonheur du peuple qui l'a choisi : (1) on l'a élevé sur un trône pour lui faire connaître le danger de sa chute ; on a sacré sa personne pour lui faire sentir la sainteté de ses devoirs ; on

---

(1) *Sénèque* a défini les rois les tuteurs de la chose publique : *Reges sunt tutores statûs publici. Ammien Marcelin* a défini la royauté la charge de veiller et de pourvoir au salut d'autrui : *Cura salutis alienæ.*

3.

l'a revêtu de la pourpre pour lui montrer la noblesse de sa dignité; on l'a décoré des marques royales pour imprimer au peuple la vénération. Dépouillez - le du manteau, du sceptre et de la couronne; ce ne sera plus qu'un homme. (1) Mais dans l'énumération des attributs de la souveraineté n'oublions pas le plus important de tous, le bandeau royal, qui est le symbole de la justice. (2)

Comme hommes les princes ont été créés par l'Auteur de toutes choses, et comme princes ils ont été créés par les peuples : ces deux créations sont différentes en ce que la première, qui sort des mains de la nature, soumet la créature au créateur; et la seconde, qui sort des mains de la société, soumet le créateur à la créature. Pourquoi cette

---

(1) Rien ne ressemble plus à un homme qu'un roi, disait *Charles XII.* Paroles sublimes dans la bouche d'un monarque belliqueux, qui devraient être entendues de tous les souverains.

(2) Les Ostrogoths et les Visigoths donnaient à leurs souverains le nom de *Juges*, parce que le nom de *Rois* n'était selon eux qu'un titre de puissance et d'autorité, au lieu que celui de *Juge* était un titre de vertu et de sagesse. Voyez *Encyclopéd. méthod.*, tom. 2, au mot *Goths.*

différence? C'est qu'il est conforme à l'ordre naturel et à l'ordre social que le petit
nombre gouverne, et que le grand nombre
obéisse : or, Dieu est unique, les rois sont nombreux, et les peuples sont plus nombreux
encore. (1)

Le commandement et l'obéissance doivent
s'identifier en quelque sorte pour former ce
qu'on appelle le gouvernement; ils sont si
étroitement unis et si nécessaires dans la société
qu'on ne pourrait les séparer sans détruire
l'ordre civil et politique : le commandement
prévaut sur l'obéissance par l'honneur, et ne

---

(1) La nature a tout ordonné pour le mieux : comme
le plus grand nombre des individus doit obéir, ceux
qui sont chargés du commandement abusent moins de
leur autorité, parce qu'ils craignent que la réaction
d'une force supérieure ne les détruise s'ils poussaient
trop loin leur puissance ; au lieu que si la majorité commandait elle abuserait certainement de son
pouvoir pour écraser impunément la minorité, qui devrait obéir. Cette règle admirable a lieu dans l'état
civil comme dans l'état militaire; et ce qu'il y a de
bien merveilleux, c'est que dans la société le corps
militaire soit soumis au corps politique, quoiqu'il soit
le moins nombreux, par la raison qu'il serait trop
puissant et trop dangereux.

l'emporte pas sur elle pour l'utilité. (1) On doit les perfectionner l'un par l'autre, mais surtout l'obéissance par le commandement, en soumettant les gouvernés aux gouvernans selon les lois sociales. Telle est la subordination qui doit avoir lieu dans l'état civil comme dans l'état militaire. Or, un souverain qui serait obligé de se plier au gré de ses sujets, de suivre leur impulsion, et de les gouverner selon leurs caprices, ne pourrait jamais les diriger vers le but social; il tomberait dans une confusion épouvantable. Il est donc plus naturel qu'il les soumette à la sagesse de ses vues, et qu'il les gouverne suivant les principes du bien public, qui sont ceux de l'équité.

Il est clair que s'il y a de la subordination dans un état c'est aux sujets de venir vers le prince pour unir leur volonté à celle du gouvernement, qui est censée être la volonté nationale, et non pas au prince d'aller vers les sujets pour unir sa volonté à celle des gouvernés. La venue de chaque sujet vers

_____

(1) Nous sommes tous égaux, disait *Camille* à ses soldats : *Iidem omnes igitur sumus.* Tite-Live, liv. 6, ch. 7.

le prince est simple, parce qu'elle est indivi-
duelle, au lieu que l'allée du prince vers les
sujets serait complexe, parce qu'elle serait
multiple. D'ailleurs la démarche ne pourrait
jamais se faire du monarque auprès des sujets,
parce qu'ils se trouvent dispersés çà et là; il faut
donc qu'elle se fasse des sujets auprès du monarque, parce qu'il est le centre de l'unité vers
lequel ils doivent se réunir; et quand même
elle pourrait se faire du monarque auprès
des sujets, elle serait toujours plus difficile, et
renverserait l'ordre des choses, parce que
l'obéissance doit être soumise au commandement.

Le commandement et l'obéissance sont
comparables à deux ressorts qui s'unissent
pour n'avoir qu'une tendance et qu'un mouvement. La plupart des princes modernes
ne connaissent pas l'importance de cette union
intime qui fait la force des états en donnant
de la confiance à tous les sujets; (1) mais les

---

(1) Les gouvernans doivent se rapprocher autant
que possible des gouvernés s'ils veulent devenir réellement puissans : plus un souverain se tient éloigné de ses
sujets, moins il gouverne par lui-même; et sans les
rangs intermédiaires qui agissent pour lui, il jouirait
encore moins des avantages de son autorité, qui deviendrait pour ainsi dire nulle.

Antonin, les *Titus*, les *Trajan*, les *Marc-Aurèle* l'ont sentie, et ne l'ont pas négligée pour inspirer aux Romains une confiance qui faisait toute leur force au-dedans et toute leur sûreté au-dehors.

Il faut regarder le commandement et l'obéissance comme deux actes également sublimes lorsqu'ils sont bien accomplis : si l'obéissance est inférieure en puissance, elle ne l'est point en mérite ; (1) elle suppose même un plus grand effort; elle suppose un renoncement à soi-même, qui est la première de toutes les vertus, une soumission libre qui la relève pour ainsi dire au-dessus du commandement. Si l'art de gouverner, qui généralise et concentre une foule de fonctions diverses, est un art plus compliqué et plus difficile, tant parce qu'il est primitif que parce qu'il se trouve exercé par un seul monarque envers

_____

(1) Il en est du commandement et de l'obéissance comme des deux sexes : le mâle a la supériorité sur la femelle dans l'action commune de la génération; mais quoique les deux genres soient différens, ils n'agissent pas moins de concert pour se reproduire; et il faut également l'alliance et l'accord de l'un et de l'autre, fondé sur une confiance et une amitié réciproques.

un nombre infini de sujets, il est aussi plus flatteur et plus attrayant. Si l'art d'obéir, qui consiste à se soumettre exactement aux ordres du prince, et à les prévenir en quelque sorte, est un art plus simple et plus facile tant parce qu'il n'est que secondaire que parce qu'il se trouve exercé par chaque sujet envers le monarque, il est aussi moins glorieux et moins agréable. Sous ce rapport l'un vaut bien autant que l'autre. (1)

C'est un malheur pour le genre humain qu'il ne puisse y avoir dans l'ordre civil comme dans l'ordre militaire que deux fonctions à remplir, celle du commandement et celle de l'obéissance. Ces deux actes, en s'exerçant de si près, se heurtent bien souvent, parce que l'un a une influence trop forte sur l'autre à cause de leur énorme disparité, et surtout du défaut de liaison inter-

---

(1) Le prix d'une action croît en raison des plus grandes peines qu'elle coûte, et des moindres avantages qu'elle procure. Or, c'est une injustice d'attribuer au général presque tout l'honneur de la victoire; mais cela vient de ce qu'on a plutôt parlé d'un héros que de cent mille braves; de sorte que la gloire de chaque soldat rejaillit sur le général, et la gloire du général équivaut à celle de toute l'armée.

médiaire : c'est ce qui fait qu'il s'allume dans le monde tant de guerres étrangères. Il serait bon d'instituer entre les gouvernans et les gouver-nés un pouvoir *mitoyen* ou *conjonctif*, dont les fonctions participassent autant du commande-ment que de l'obéissance, et qui, en les tem-pérant l'un par l'autre, servît de barrière contre l'ambition des princes; mais comme il n'est pas possible d'établir dans chaque état un frein de cette nature, nous l'établirons au-dehors par le moyen du gouvernement Européen.

Dans la monarchie, qui par essence est un gouvernement porté à l'agrandissement, on a bien établi des rangs intermédiaires pour refréner l'ambition du prince, et contenir la colère du peuple; mais, loin d'étouffer ces passions fougueuses, très-souvent ils les ex-citent, parce qu'ils espèrent en retirer du profit : telle est la source des guerres étran-gères et des dissentions civiles. Un prince *de Condé,* un maréchal *de Créqui,* un duc *de Noailles,* un maréchal duc *de Luxembourg,* un vicomte *de Turenne,* un chevalier *Bayard,* un connétable *du Guesclin,* tous ces grands hommes issus de l'ordre intermédiaire ont fait la guerre autant pour leur gloire et leur intérêt que pour la gloire et l'intérêt du prince : ils n'ont pas détourné les hostilités ; ils les ont suscitées, parce qu'ils y ont trouvé leur avantage. C'est ainsi que les favoris de *Henri III*, croyant gagner à la guerre, la firent résoudre contre les protestans. C'est ainsi que le prince *Eugène*, général des troupes autrichiennes, conseilla à *Charles VI* de continuer avec ses alliés la guerre contre la France.

Pour pouvoir pacifier les souverains de l'Europe il est donc question d'instituer un gouvernement politique qui lie indissolublement leurs intérêts avec ceux des peuples. Tous les états sont susceptibles de se réunir sous ce gouvernement ; mais il faut trouver un génie qui soit capable de former cette institution. La plus belle des statues est dans le bloc de marbre ; mais où est l'artiste qui l'en tirera. *Praxitèle*, cet habile sculpteur, ne produisit ses chefs-d'œuvre qu'en contemplant l'idée du beau profondément gravée dans son ame : ici le plus grand législateur ne peut opérer cette réunion politique s'il n'est fortement inspiré par l'amour du genre humain.

L'éduction peut donner l'existence à ce qui n'existe pas ; mais elle suppose un sujet préalable, du sein duquel elle tire la forme qu'elle veut lui donner : or, pour l'institution du gouvernement politique il faut avoir la matière de composition ; hé bien ! cette matière existe, puisqu'il s'agit de former le corps Européen des divers états qu'il renferme, pour le constituer sous une forme de gouvernement politique qui lui donne l'existence et la paix.

Les peuples de l'Europe sont sûrement disposés à s'unir pour la paix générale ; mais peut-être les souverains ne seront pas d'accord pour la leur procurer. Ceux-ci, ayant ordinairement pour objet la fausse gloire, se repoussent mutuellement, tandis que ceux-là, ayant toujours en vue leurs vrais intérêts, s'attirent réciproquement : or, il y a, moralement parlant, amour d'un côté, et aversion de l'autre. Que faut-il faire dans cet état de choses ? Resserrer les liens du gouvernement entre les princes et les peuples, de manière que le bonheur des uns dépende absolument du bonheur des autres. Mais comment concilier les intérêts nationaux avec les intérêts royaux, qui paraissent si opposés? Cela se fera dans le gouvernement politique, où chaque puissance trouvera son intérêt particulier dans l'intérêt public par le moyen de la paix.

Il serait beau de pouvoir former dans chaque état une institution qui servît à préserver le peuple des hostilités étrangères; mais comme il est civilement impossible d'établir entre chaque souverain et ses sujets un gouvernement intérieur capable d'empêcher la guerre, il faut établir politiquement entre tous les rois et tous les peuples un gouvernement extérieur qui soit à même de l'empêcher d'une manière efficace.

On criera probablement à la chimère : quelle honte pour l'humanité que ce soit une chimère de vouloir donner la paix au monde! (1) mais qu'importe les clameurs, pourvu que nous puissions exécuter notre

_____

(1) Oui, si mon projet passe pour une chimère c'est un malheur pour l'humanité; mais ce qu'on regarde comme chimérique dans un tems peut se réaliser dans un autre tems plus favorable. Il y a bien des choses qu'on n'aurait pas crues possibles, et qui cependant sont arrivées : qui sait s'il ne viendra pas un jour de lumière, et peut-être ce jour n'est pas éloigné,

plan pacifique. Or, de qui dépend cette institution ? Il ne tient qu'aux gouvernemens
européens de la former; les nations la de-

où les souverains, ouvrant les yeux sur leurs intérêts,
reconnaîtront la folie de la guerre; car lorsque le mal
est parvenu à son dernier période il faut qu'il finisse.
Ah! si nous jetons un coup d'œil sur les nombreuses
secousses que les nations ont éprouvées nous aurons
lieu d'espérer que les princes qui les gouvernent se
réuniront bientôt pour leur procurer une paix durable :
mais quand mon plan ne devrait avoir son effet que dans
un siècle il serait utile; il le serait même encore quand
il ne servirait qu'à faire naître à d'autres plus savans
que moi l'idée de travailler sur cette matière importante;
car je ne prétends pas avoir fait un ouvrage parfait; je
crois même qu'il renferme bien des défauts.

L'idée de véritable perfection en ce monde est une
absurdité : il est des plans purement imaginaires qui
semblent être parfaits; mais ces plans, quelque beaux
qu'ils soient, souffrent toujours des corrections. La
géométrie, l'hydrographie et l'astronomie se prêtent la
main pour guider un vaisseau sur mer; mais cela
n'empêche pas qu'il ne puisse faire naufrage dans un
moment de tempête; ce qui prouve évidemment l'imperfection des choses humaines.

Nous pouvons bien atteindre à une perfection relative qui se tire de la comparaison des différens ouvrages humains; mais la perfection absolue est au-
dessus de nous, parce que tout ce que l'homme fait
est susceptible d'être corrigé. Il n'y a de parfait que

mandent; peut-être même ne tiendra-t-il qu'à
une tête couronnée, à un génie supérieur de
faire, avec l'agrément général, ce chef-
d'œuvre politique. (1)

Pour faciliter l'exécution de notre projet
il faut tâcher de former le gouvernement
politique sur le modèle des gouvernemens
civils, en lui donnant même une nouvelle
perfection. Les plus grands publicistes, les
législateurs les plus célèbres, tels que, chez
les anciens, *Solon, Aristote, Platon, Numa,
Lycurgue;* et chez les modernes, *Pen,
Thomas More, Montesquieu, Locke,
Francklin* ont cherché autant qu'ils ont
pu dans la nature les vrais principes du gou-

---

les ouvrages de la Divinité. Par exemple, le monde
est parfait, parce qu'il subsiste d'une manière constante et sur un plan de gouvernement invariable; tout
ce qui nous paraît y causer quelque altération, quelque
désordre entre même dans le plan de la Providence;
c'est une nécessité que cela arrive ainsi; et l'homme
voulût-il faire quelque action barbare à dessein de dé-
roger à l'ordre établi, ce serait encore un effet de l'ac-
complissement des décrets divins.

(1) Le génie capable d'exécuter ce plan existe; je
n'ai pas besoin de le nommer, parce qu'il fait l'admiration du monde par son génie supérieur.

vernement : ils ont tâché de donner les meil-
leures lois civiles à leurs compatriotes, afin
de les rendre heureux ; mais dans leurs institutions ils ont oublié ou méconnu le vrai
fondement du bonheur social, parce qu'ils
se sont trop éloignés du gouvernement politique, qui doit réunir tous les intérêts nationaux, comme si dans le monde il pouvait
y avoir aucune société vraiment heureuse indépendamment des autres sociétés ! De toutes
parts on a cherché la perfection du gouvernement civil ; mais on n'a pas vu qu'on ne
pouvait la trouver que dans celle du gouvernement politique ; on n'a pas vu qu'il man-
quait à ce gouvernement une chose sans laquelle le peuple ne pouvait jamais être heureux ; c'était de l'unir si étroitement avec les
autres peuples qu'il ne pût faire son bonheur
sans faire le bonheur de tous.

En effet, tous ceux qui ont donné des lois
aux peuples ont voulu trop perfectionner le
gouvernement civil séparément du gouvernement politique, qui doit achever l'ouvrage
de la législation. Pour donner trop de force
à l'amour de la patrie ils ont totalement af-
faibli l'amour de l'humanité ; ils ont établi
intérieurement les états sur leur base sans

les avoir appuyés extérieurement par les relations nationales; ils ont agi comme s'il n'y
avait eu qu'un seul peuple sur la terre : de
là sont venues les guerres étrangères, et
toutes les irruptions qu'on a vues dans le
monde : il semble que les législateurs n'ont
réuni les hommes en société que pour les faire
détruire en masse, et qu'ils n'ont multiplié
leurs forces que pour leur faire porter des
coups plus terribles. N'est-il pas vrai que les
gouvernemens mettent souvent les armes
entre les mains des peuples sous le prétexte de
venger la patrie? Quelle politique astucieuse de vouloir déguiser aux hommes la
cause de leurs calamités en leur procurant un
mal réel pour les garantir d'un mal ima-
ginaire! mais il n'est pas au pouvoir de l'ambition de changer la nature des choses.

C'est un malheur pour les peuples qu'on
fasse tant de lois opposées aux sentimens naturels : telles sont toutes celles qu'on appelle
militaires, lois cruelles qui sacrifient folle-
ment le citoyen au nom de la patrie. C'est
ainsi que les législateurs cherchent la conservation des états dans la perte de leurs habitans, en armant les nations les unes contre
les autres; ils ne font pas attention que la

patrie est détruite lorsqu'on détruit ses propres enfans, parce qu'ils se donnent réciproquement l'existence. Ils veulent garantir l'attribut aux dépens du sujet, c'est à dire le
terrein aux dépens du peuple, d'où il ad-
vient qu'ils détruisent des hommes pour conserver des choses qui sont par elles-mêmes
indestructibles. Quand je dis qu'ils veulent
garantir l'attribut aux dépens du sujet, c'est
que les habitans sont le principal, tandis que
le sol n'est que l'accessoire ; car les hommes
ont formé l'état avant que l'état eût formé les
citoyens : c'est pourquoi *Périclès* avait raison de dire qu'il craignait bien plus la perte
des hommes que le ravage des terres.

Sans doute il est beau de verser son sang
pour la patrie lorsqu'elle a besoin de justes
défenseurs ; mais quand un peuple est obligé
de prendre les armes contre un autre peuple
sans raison légitime, quelle gloire peut - il
y avoir de mourir pour elle ? Qu'est-ce alors
que la patrie, sinon une mère barbare qui
arme ses enfans, et leur fait un devoir
d'aller se faire égorger hors de son sein pour
le seul amour d'elle-même ?

L'amour de la patrie est la première des
vertus civiles ; c'est un sentiment qui nous

porte à aimer plus que tout l'univers et plus que nous-mêmes le pays qui nous a vu naître ; mais cette prédilection n'est pas incompatible avec l'amour du genre humain ; car, par cela que nous sommes plus attachés à notre pays natal, nous devons rester dans ses limites sans troubler nos voisins ; et, en sacrifiant en apparence notre intérêt particulier envers les autres peuples, notre bonheur s'accroît réellement du bonheur étranger par la communication de nos jouissances, qui se multiplient de tous côtés. Ainsi, ce que ce sentiment semble perdre en nous de force personnelle, il le gagne au centuple dans autrui en force réelle.

Certes, l'amour patriotique est une vertu qui a ses bornes ainsi que toutes les autres vertus : si on le pousse à l'excès comme chez les Romains, il produit de grands forfaits et de grands malheurs ; c'est alors que les peuples se précipitent les uns sur les autres pour s'exterminer : les habitans des pays stériles courent sur les habitans des pays fertiles pour leur arracher leurs subsistances ; ceux des climats brûlans ou glacés sur ceux des climats tempérés pour les chasser de leur territoire : mais si on le contient dans ses limites, comme firent

3. 3

autrefois les Crétois, et comme font aujonr-
d'hui les Hollandais, il produira des effets
admirables.

Les Lacédémoniens plus que tous les
autres peuples ont excédé les bornes de
l'amour de la patrie; etouffant les affections
naturelles que l'on doit toujours concilier
avec les devoirs de citoyens, les pères et les
mères se piquaient de recevoir sans émotion
la nouvelle de la mort de leurs enfans dans
une bataille. C'était une véritable barbarie
que de sacrifier ainsi la tendresse paternelle
à un sentiment outré de patriotisme. Aussi,
pour prouver la dureté des Spartiates les his-
toriens disent que *Bacchus*, représenté partout ailleurs avec un thyrse à la main, portait un dard à Lacédémone; et il ne faut pas
s'étonner si après avoir vaincu et asservi
les Ilotes ils les traitèrent avec tant de
cruauté.

L'amour de la patrie dans chaque citoyen
doit être prédominant, mais non pas exclusif;
il ne peut se trop étendre, ni se trop resserrer sans devenir également funeste. Le
vrai patriotisme tient par sa nature un juste
milieu entre l'égoïsme et la philantropie : il
faut aimer tout le genre humain, et il faut

s'aimer soi-même pour bien aimer la patrie,
parce que le bonheur particulier y dépend
du bonheur général; en provoquant contre
elle la haine des peuples étrangers on la provoque en même tems contre le genre humain
et contre soi - même. Rome naissante fut
en paix avec elle - même, parce qu'elle
était encore renfermée dans ses murailles, et
n'avait pas encore inquiété ses voisins : Rome
après avoir étendu ses conquêtes fut en proie
aux séditions et aux guerres les plus violentes,
parce qu'elle avait dans son sein beaucoup
d'étrangers, et se faisait tous les jours de
nouveaux ennemis. Ce fut alors que l'amour
de la patrie devint pour tous les habitans
une chose chimérique : les indigènes per-
dirent dans les pays conquis l'attachement
qu'ils avaient pour le pays natal, et furent
jaloux de partager avec tant d'étrangers
le beau titre de *citoyens romains;* les
provinciaux ne purent jamais regarder
comme leur patrie un pays qui ne leur
avait pas donné le jour, ni comme compatriotes des hommes qui les avaient subju-
gués pour s'emparer de leur territoire. Ainsi,
de chaque côté l'accessoire faisant perdre
de vue le principal, l'amour de la patrie

s'abâtardit dans tous les cœurs en s'aliénant
sur des terres étrangères.

Puisque l'intérêt de chaque particulier se
trouve renfermé dans celui de la patrie, on
doit l'aimer autant pour soi que pour elle;
et on l'aimera plus encore pour elle-même
si l'on est vertueux; mais si un état admet
une foule d'étrangers au nombre de ses citoyens il n'est pas possible qu'ils aient pour
lui l'amour qu'ils auraient pour leur pays
natal. Certes, quand les regnicoles préfèrent
l'amour de soi à l'amour de la patrie, comment des étrangers, devenus nouvellement
citoyens, voudraient-ils sacrifier leur propre
intérêt à l'intérêt d'un état qui ne serait
pas celui qui leur aurait donné le jour? On
sait qu'à Athènes les étrangers étaient exclus
des fonctions civiles, parce qu'ils n'y pouvaient
avoir l'amour patriotique, et l'on y jouit d'une
douce tranquillité. A Syracuse, au contraire,
pour avoir fait d'abord citoyens des étrangers on y fut exposé à des troubles con-
tinuels. (1)

_____

(1) La différence d'origine entre les anciens et les
nouveaux habitans d'un état y cause ordinairement
des secousses violentes; tous les pays qui ont admis trop
facilement les étrangers au nombre de leurs citoyens
eu ont été inquiétés.

On doit pourtant reconnaître tout de suite pour citoyens les habitans d'un état conquis, parce qu'en restant sur le sol natal ils ne quittent point la patrie. Ainsi en usèrent autrefois les Macédoniens; ainsi en usent maintenant les Français à l'égard des peuples qu'ils soumettent. C'en serait autrement s'ils passaient de leur propre pays dans un pays étranger; il faudrait alors un tems assez long pour les y naturaliser. C'est pour cela qu'aujourd'hui *un étranger devient citoyen français lorsqu'après avoir atteint l'âge de vingt-cinq ans, et avoir déclaré l'intention de se fixer en France, il y a résidé pendant dix années consécutives* : (1) loi admirable, qui, sans exclure aucun étranger de la faculté de devenir Français, ne lui accorde l'exercice du droit de cité qu'après avoir fait une suffisante épreuve de sa conduite.

Il faut encore observer que le sentiment patriotique s'éteint quand il est trop généralisé, comme quand il est trop particularisé. La raison de cela est simple : si, par exemple, il n'y avait qu'un état dans le monde l'amour de cette immense patrie s'affaiblirait dans le

---

(1) Constitution, tit. 1, art. 3.

cœur de chaque citoyen, soit parce qu'il la
verrait de trop loin, soit parce qu'il n'y aurait
plus alors cette jalousie de peuple à peuple,
qui en fait le principal ressort. Je conviens
que par la raison inverse l'amour de l'humanité s'y fortifierait davantage; mais aussi il
n'y aurait plus la même émulation dans l'exercice des arts créateurs, et d'ailleurs il y aurait
plus de tyrannie par l'énormité du pouvoir
souverain. Si, au contraire, il y avait autant
de peuples différens qu'il y a de villes, il
y aurait aussi plus de jalousie et plus de
rivalités à raison de la contiguité respective
de tant de petits états, qui présenteraient
toute leur surface à la rapacité des ennemis; au lieu que les grands états la leur
dérobent en très-grande partie, parce qu'ils
reposent sous le volume de leur masse, et
deviennent en quelque sorte inattaquables,
du moins quant au centre, qui se trouve
toujours à l'abri des atteintes du dehors.

Le chef-d'œuvre de la législation serait de
rapprocher et même de réunir par les liens
de l'humanité dans un même gouvernement
politique tous les empires européens, en les
conservant tels qu'ils sont, c'est à dire en
laissant subsister leur constitution civile, leurs

lois, leurs usages, leurs mœurs et leur religion : c'est alors que s'établirait dans l'Europe une société de peuples qui vivraient
entr'eux comme des frères sous le même
droit des gens. C'est le but que je me suis
proposé, et que je desire d'atteindre ; but
dont jusqu'à présent chaque publiciste s'est
écarté, parce que pour y parvenir il a pris
une route qui lui est opposée.

Certes, les législateurs auraient dû voir
qu'en isolant trop des autres peuples les peuples qu'ils avaient policés, ils les mettaient dans
le cas d'entretenir plus de troupes, puisqu'ils
leur inspiraient plus de sujets de crainte à
mesure qu'ils leur faisaient perdre de leur attachement réciproque ; pour vouloir les trop
bien civiliser en particulier ils les ont en quelque sorte dépopularisés entr'eux : en cela ils
ont péché contre l'humanité par excès d'amour
pour leurs concitoyens, qu'ils ont rendus malheureux pour avoir voulu leur procurer un
bonheur exclusif.

Si chaque état pouvait être si bien isolé des
autres qu'il pût se regarder comme seul dans
le monde, il n'y aurait plus de guerres
étrangères. Les Français ne sont jamais en
guerre avec les Japonais, ni les Espagnols

avec les Abyssins, parce que dans leur éloignement ils n'ont rien de commun. D'après cette supposition il faudrait que tous les peuples fussent séparés les uns des autres par d'immenses déserts; (1) mais cela les priverait des avantages du commerce, qui leur procure à chacun les productions des différens climats par le moyen de l'échange. Au reste, comme le voisinage des empires fait naître souvent entr'eux des jalousies et des rivalités à l'égard de leurs possessions territoriales et de leurs rapports commerciaux, il faut avoir recours à l'institution d'un gouvernement politique qui réunisse si bien leurs intérêts extérieurs sans les confondre, qu'ils vivent sous sa commune protection dans une paix imperturbable.

Il est donc question de changer ici l'objet de nos institutions sociales en faisant que chaque peuple, qui forme dans l'Europe un

---

(1) Ce serait en quelque sorte imiter les Persans, qui, depuis l'intrépide *Amurath IV*, n'ont cru pouvoir mettre leurs frontières à l'abri des invasions ennemies qu'en dévastant trente lieues de leur propre pays, et en faisant une solitude stérile de la plus fertile contrée de la Perse.

corps séparé de citoyens, devienne membre d'un autre corps qui sera formé de tous les peuples européens réunis; en sorte que nous substituerons une existence générale à une existence particulière, afin que chaque nation reçoive par la communication une plus grande somme de jouissances : il s'agit enfin de concilier dans l'institution nouvelle que nous formons trois affections différentes; l'*égoïsme*, le *civisme* et l'*humanité* ; c'est à dire qu'il s'agit de réunir l'amour de soi avec l'amour de la patrie, et l'amour de la patrie avec l'amour du genre humain, en donnant à chacun de ces sentimens le degré d'ardeur convenable, afin qu'ils ne se détruisent pas réciproquement.

Jusqu'à présent les publicistes ont trop séparé l'humanité du patriotisme, la nature de la civilisation, la morale de la politique : on dirait que ce sont des élémens incompatibles, tant ils les ont divisés; et néanmoins de leur réunion dépend la perfection de la société, et par conséquent le bonheur des peuples. Voici comme les anciens ont défini les mots de *patriotisme* et de *civisme* : un bon patriote était, dans le sens des Romains, un vrai brigand chez l'étranger ; un bon citoyen, était dans le sens des Spartiates, un fin voleur dans son pays : les premiers faisaient éclater leurs injustices au-dehors en y portant glorieusement le pillage et le meurtre ; les seconds faisaient régner leurs iniquités au-dedans en y exerçant honorablement le larcin et la rapine : les uns sacrifiaient tout à l'égoïsme pour ne rien donner au civisme ; les autres sacrifiaient tout au patriotisme pour ne rien donner à l'humanité. Ils se jetaient ainsi tout d'un côté sans faire attention que pour rendre complette la conduite de l'homme civilisé il faut ces trois sentimens : l'*égoïsme*, le *patriotisme* et l'*humanité* ; comme pour rendre complet le raisonnement il faut ces trois termes : le *sujet*, la *copule* et l'*attribut*; en sorte que ces trois sentimens réglementaires de la conduite humaine doivent se conserver et se réunir dans la société civile, parce que le patriotisme, se trouvant placé entre l'égoïsme et l'humanité, est le sentiment qui unit les deux autres sentimens, comme la copule est le terme qui unit les deux autres termes. On voit par-là qu'il s'agit de prendre dans toutes choses un juste milieu, afin de se trouver à une égale distance des deux extrêmes.

Par leur admiration excessive pour les anciens les écrivains modernes, à force de vanter la bravoure des Romains et l'adresse des Spartiates, ont inspiré aux monarques l'envie de s'étendre au-dehors par des conquêtes, et aux sujets le desir de s'enrichir au-dedans par des usurpations; de sorte qu'ils ont donné en même tems aux uns l'ambition romaine, et aux autres l'avarice lacédémonienne; et comme par une pente naturelle le vice va toujours croissant, les peuples et les souverains surpassent aujourd'hui les injustices et les cruautés de ces deux peuples; car, grâce à l'invention de la poudre, la guerre est maintenant beaucoup plus sanglante, et les meurtres sont beaucoup plus nombreux.

Qu'est-ce donc que le patriotisme dans la signification qu'on lui donne aujourd'hui? C'est un amour pour son pays natal, qui, poussé à l'excès par la jalousie des gouvernemens, arme les nations les unes contre les autres en les déclarant ennemies, de manière que sous le prétexte de défendre la patrie on fait du citoyen paisible un citoyen turbulent, du laboureur nourricier un soldat destructeur, de l'homme civil un homme barbare; comme si le sentiment de l'humanité devait s'éteindre

dans le sentiment du patriotisme, et que
dans la société l'homme dût être l'ennemi de
son semblable; comme si un peuple avait le
droit d'asservir un autre peuple, et que du
malheur de l'un dépendît le bonheur de l'autre; comme enfin s'il ne devait pas y avoir
réciprocité de secours parmi eux comme parmi
des êtres de la même espèce! (1)

Chaque état a deux manières d'exister;
l'une particulière : c'est celle qui fait que
par sa constitution intérieure il subsiste pour
lui-même exclusivement : l'autre générale:
c'est celle qui fait que par ses relations extérieures il peut s'unir avec les autres états
pour vivre en communication de services.
Or, il n'y a aucun peuple, quelque riche ou
quelque pauvre qu'il soit, qui n'ait une existence absolue, par laquelle il peut subsister,
à certains égards, indépendamment des autres peuples, et une existence relative, par

---

(1) Les républiques de la Grèce sentirent si bien la vérité de ce principe, qu'elles se confédérèrent entr'elles
pour se secourir mutuellement dans leurs besoins. Lacédémone dans sa détresse fut secourue par Athènes,
malgré la jalousie qui régnait entre ces deux villes :
tel a été le but de toutes les alliances et de toutes
les sociétés.

laquelle il est obligé de communiquer avec eux, soit pour subsister, soit pour se conserver. Cette dernière existence, qui est la plus étendue et la plus délicieuse par les agrémens qu'elle leur procure, est conditionnelle, attendu qu'elle doit naître de la paisible communication des états entr'eux. C'est cette existence que les législateurs ont négligée ou méconnue dans l'établissement de la société civile; c'est cette même existence que je tâcherai d'établir et de fortifier dans l'institution de la société politique.

L'attraction qui rapproche les états les uns des autres sera le principal fondement de cette institution : c'est par le moyen de la concordance des peuples que l'on doit parvenir à fonder le gouvernement politique sous l'aspect intuitif de la paix générale. En vain nous tenterions de le former sans l'accord unanime des nations continentales; en vain nous tâcherions d'établir la paix dans l'Europe sans le concours de tous les gouvernemens civils; pour avoir une paix immuable il faut réunir tous les états du continent sous la commune protection de leurs forces respectives; la moindre exception suffirait pour détruire l'équilibre qui doit la fonder. En effet, dans la société de nation à nation la première puissance ne peut communiquer avec la troisième qu'à la faveur de la seconde : or, le défaut d'un seul empire ferait une lacune qui détruirait le gouvernement politique ; car si par le voisinage successif des états le premier doit donner la sûreté au second, le second doit la donner au troisième ; sans quoi il y aurait dans le sein de la société politique un principe de division et de guerre : ce serait comme si dans un état il y avait une partie des habitans qui voulussent vivre indépendans ; la société civile ne pourrait pas subsister de cette manière ; il en est du système politique de l'Europe comme du système physique de l'univers, où toutes les parties se coordonnent de manière qu'elles concourent les unes les autres à l'établissement de l'ordre que nous admirons dans la nature. Mais qu'est-ce que l'Europe dans l'état actuel? C'est un grand corps dont les membres ne cessent de se déchirer, parce qu'ils manquent d'une tête pour les diriger et les réunir dans la paix; c'est, pour mieux dire encore, une division de plusieurs têtes qui se heurtent souvent les unes les autres, parce qu'elles sont sans corps d'union entr'elles.

Par leur vertu attractive les états sont donc associables les uns avec les autres, tellement que par leur réunion ils peuvent former comme un cercle dont tous les degrés sont contigus; si vous en brisez un le cercle sera détruit. De même dans le gouvernement politique le premier état doit s'unir au second, et le second doit s'unir au troisième pour se conserver mutuellement. On peut comparer l'union des empires à une chaîne qui est rompue lorsqu'on ôte un des anneaux intérieurs. Or, puisque l'enchaînement des états continentaux est la base fondamentale du gouvernement politique, il faut que par notre institution les diverses puissances se lient si étroitement qu'elles soient obligées de suivre l'impulsion générale qui doit les conduire à une paix perpétuelle; il faut en un mot que les souverains de l'Europe contractent sous l'égide de ce gouvernement une union formée de manière qu'elle les rende chacun indépendant dans ses intérêts particuliers, et tous dépendans dans leurs intérêts communs.

Puisque les législateurs n'ont eu devant les yeux que l'intérêt des peuples qu'ils ont policés, sans penser à les unir avec les autres

peuples pour leur procurer la paix ; je tâcherai
ici d'embrasser tous les intérêts des états en
établissant le gouvernement politique sur le
fondement des vrais rapports qui se trouvent
entr'eux, sans détruire ni affaiblir les gouvernemens civils. Je poserai pour base inébranlable de la paix le bonheur mutuel des nations ; je ferai servir à l'exécution de mon plan
tous les principes de la civilisation humaine.

Peut-être les rois craindront que je ne
veuille élever le gouvernement politique sur
les débris des gouvernemens civils ; mais, bien
loin de chercher à les renverser, je veux les
raffermir. Pour avoir trop détaché les états
les uns des autres on les a rendus réciproquement ennemis : on n'a pas vu qu'il
fallait les unir d'intérêt et d'amitié, pour
les fortifier et les affermir les uns par les
autres : semblables à des bâtimens épars, ils
demandent la réunion, afin de s'étayer mutuellement pour devenir plus stables.

Je souhaiterais bien de pouvoir détruire les
guerres étrangères en perfectionnant le gouvernement civil dans chaque état ; ce serait un
travail plus simple et moins dispendieux, parce
que je n'aurais pas à former extérieurement

une nouvelle institution, qui pourrait inspirer aux souverains des craintes mal fondées ; mais les jalousies et les inimitiés qui règnent entre les puissances m'ont fait voir que je ne pouvais établir solidement la paix européenne qu'en instituant un gouvernement politique, qui ne sera dans le fond que la perfection des gouvernemens civils.

L'institution de ce gouvernement ne sera autre chose qu'une convention par laquelle chaque état de l'Europe, formant séparément un corps civil, consentira, par l'organe de son souverain, à devenir membre d'un plus grand état, qui formera un seul corps politique : ce sera une société générale composée de plusieurs sociétés particulières, où les princes, sans rien perdre de leur souveraineté, deviendront pour ainsi dire citoyens les uns à l'égard des autres pour la paix et le bonheur des peuples.

Dans cette constitution politique les nations européennes formeront comme autant de grandes familles qui seront obligées de remplir, soit envers les autres, soit envers elles, les mêmes devoirs que les lois de la nature et de la morale prescrivent à l'homme envers ses semblables et envers lui-même ; les

3.   4

unes n'auront pas plus de prérogatives que
les autres ; il y aura entr'elles une parfaite
égalité d'obligations et de droits ; et ce qui sera
vraiment admirable, c'est que chaque souverain, en restant dans son indépendance, s'ac-
quittera envers les autres souverains et envers ses sujets de tous les devoirs de l'humanité : ainsi, l'union qui sera par eux con-
tractée servira à affermir leur puissance, et
à augmenter leur gloire et leur prospérité
en les mettant en état de repousser en commun toutes les attaques qui pourraient être dirigées contre chacun d'eux.

Jusqu'à présent les peuples n'ont eu d'autre
rapport que celui d'habiter la même terre, et
de se détruire pour s'en approprier une plus
grande partie ; ce sont des corps civilement
collectifs, sans gouvernement qui les unisse
entr'eux ; d'où il résulte que le droit des
gens, ou plutôt le droit naturel, n'étant ap-
puyé par aucune force publique, chaque
puissance peut donner un libre cours à son
ambition ; en sorte qu'elles sont toutes également dans le cas d'opprimer et d'être op-
primées.

Certes, cette Europe dont on vante tant la
civilisation n'a pu encore se donner un droit

des gens sous la protection duquel ses habitans reposent en paix : on y possède tout en
abondance , et on n'y jouit de rien en sûreté.
Pourquoi cela? Parce que la société de peuple à peuple est encore trop imparfaite. Tâchons donc de lui tracer le plan d'un bon
gouvernement.

~~~~~~~~~~~~~~~~~~~~~~~~~~~~~~~~~~~~~~

CHAPITRE II.

Organisation du Gouvernement politique.

Pour former le gouvernement politique il
faut créer trois corps ou pouvoirs permanens qui devront être placés au centre de
tous les gouvernemens civils de l'Europe;
savoir, un *congrès*, un *tribunal* et un *protectorat*. Les fonctions qui leur seront attribuées seront distinctes, et tendront pourtant à la même fin. Ces trois pouvoirs agiront de concert pour maintenir la paix générale : le premier, qui sera placé dans les
mains du congrès, s'appellera la *puissance
observatrice* ou *inspectrice ;* le second, qui
sera remis entre les mains du tribunal, s'appellera la *puissance judiciaire* ou *décisive ;*
et le troisième, qui sera confié au protectorat,
s'appellera la *puissance protectrice* ou *gardienne.* Ces trois puissances établiront concurremment une paix immuable entre les
états européens : les fonctions qu'elles exerceront seront passives quand chaque empire
restera dans ses bornes ; mais elles devien-

dront actives quand il faudra arrêter les entreprises d'une nation contre l'autre. Ainsi les divers états de l'Europe auront un point central de ralliement, une force *centrifuge* qui les tiendra en respect les uns à l'égard des autres, de manière que la politique des cours ne sera plus un art destructeur.

Voici les fonctions de ces trois pouvoirs politiques : le congrès aura le dépôt des lois constitutives du droit des gens, qui seront uniformes et générales; par ses actes observateurs ce corps veillera sur les infractions qu'on pourra faire aux lois, et il en donnera avis au protectorat, qui, comme puissance exécutrice du gouvernement politique, sera chargé de maintenir chaque peuple dans ses droits.

Le tribunal jugera souverainement tous les différends qui pourront naître des prétentions des princes aux couronnes héréditaires ou électives par les degrés de parenté ou par l'émission des suffrages; il jugera aussi ceux qui naîtront des limites territoriales des états, des droits respectifs des peuples, de leurs relations externes, de leurs rapports commerciaux, etc. Ces grands juges nationaux seront les ministres, autrement les organes immédiats et fidèles des lois; des êtres impassibles qui n'en pourront changer ni modifier le sens littéral : cela veut dire qu'ils seront obligés d'en faire toujours la plus sévère application; et si quelque gouvernement refusait de se soumettre aux décisions qui émaneront de ce tribunal suprême, (car les gouvernans ont, comme les particuliers, des prétentions, des caprices, des passions, des jalousies) dès lors il y sera contraint par la force de la puissance protectrice. Telles seront les fonctions distinctes de ces trois pouvoirs, qu'ils agiront toujours de concert pour maintenir la paix dans l'Europe.

Pour donner une base solide à ces trois magistratures il faut les investir d'une force imposante qui sera administrée par le protectorat. Mais quel dépôt redoutable va être placé dans les mains de cette puissance! ne sera-t-il pas dangereux qu'elle en abuse? Non, parce qu'elle ne pourra s'en servir que pour assurer la paix européenne. On admire comme tout se balance dans un état où il y a de bonnes lois, et de bonnes troupes pour les faire exécuter; on admirera de même dans le gouvernement national le balancement de la puissance politique avec la puissance militaire pour faire observer le droit des gens. C'est dans l'équilibre de ces deux forces opposées que consistera la tranquillité des peuples européens, des gouvernemens civils et du gouvernement politique : alors les princes n'auront plus besoin de se surveiller réciproquement pour se mettre à couvert des invasions ennemies ; ils n'auront plus qu'à s'occuper d'une bonne administration intérieure, parce que le gouvernement politique veillera pour leur sûreté extérieure.

Il me semble que je vois les gouvernemens européens s'alarmer de ces trois pouvoirs : mais quelle crainte peuvent-ils concevoir d'une institution qui recevra d'eux toute sa force, et qui ne sera qu'une émanation de leur puissance, toujours libre suivant les lois ; d'une institution qui, par sa nature, ne pourra opérer que la sûreté de tous par le maintien de la paix générale ? En effet, ces trois pouvoirs bien constitués, que j'appellerai *intrinsèques* pour les distinguer d'un quatrième pouvoir que j'appellerai *extrinsèque*, et qui sera le pouvoir législatif du gouvernement, entretiendront sans interruption cet équilibre des états européens qui mettra les petits à l'abri des grands. Ces trois pouvoirs bien séparés établiront un repos continuel dans l'Europe entre les puissances, au moyen d'une force qui s'appellera *centrale*, ou pour mieux dire *concentrique*. (1)

Quoique l'institution dépende absolument de chaque gouvernement civil, il serait pourtant très-dangereux que dans le gouvernement politique le même corps exerçât les trois pouvoirs *intrinsèques* ; celui d'*ordonner*, celui de *juger* et celui d'*exécuter*. En réunissant ces trois pouvoirs on mettrait ceux qui en seraient revêtus dans le cas d'en abuser; alors le même corps aurait, comme exécuteur des lois nationales, toute la puissance qu'il se donnerait lui-même comme ordonnateur et comme juge : or, pour prévenir le danger de cette réunion je les ai placés dans trois corps différens; et quand même ces trois pouvoirs réunis seraient dans l'impossibilité de nuire aux gouvernemens civils de l'Europe, il sera toujours bon qu'ils se tempèrent

---

(1) Terme de géométrie qui sert à expliquer qu'on a décrit plusieurs circonférences en partant du même centre; mais il signifie ici pousser ou réunir au même centre.

réciproquement par l'exercice séparé de leurs fonctions, pour produire un acte commun, et arriver à la même fin.

Je ne vois pas qu'il y ait aucun inconvénient de rendre ces trois corps permanens dans le gouvernement politique, attendu que par la séparation de leurs fonctions respectives, quoiqu'ils soient formés par le concours général des états européens, ils ne pourront jamais attenter contre la sûreté d'aucun gouvernement civil, parce qu'ils ne feront qu'exécuter la volonté générale; car quelle sera la fin du gouvernement politique, sinon la conservation de tous les princes et de tous les peuples européens par le moyen de la paix?

Aucun prince ne pourra refuser d'apposer son seing dans le contrat politique, à moins qu'il ne veuille se déclarer ouvertement l'ennemi du genre humain : mais n'aurait-il pas honte de vouloir continuer de vivre dans un état de violence avec ses semblables? pourrait-il persister plus long-tems dans l'oubli du droit des gens? quelle raison pourrait-il alléguer à l'appui de son refus? Aucune qui fût légitime. Pourrait-il se plaindre de cette institution? C'est comme s'il se plai-

gnait de son état naturel; car la guerre est un
état contre nature.

Certes, dans l'institution que je veux former je tâcherai d'écarter tout ce qui pourrait
faire ombrage aux gouvernemens civils de
l'Europe, parce qu'ils doivent être les pièces
de rapport, autrement les parties fondatrices
du gouvernement politique. Je pense que les
droits respectifs des états ne peuvent être
conservés intacts qu'autant que les pouvoirs
constitués de ce gouvernement seront bien
séparés, qu'ils s'exerceront sans pouvoir sortir de leurs bornes : or, pour qu'ils ne puissent jamais dépasser leurs limites il faut que
par la disposition des choses les pouvoirs se
tempèrent les uns les autres, c'est à dire qu'ils
se contre-balancent, pour établir un ordre de
choses immuable dans le gouvernement politique.

L'harmonie du gouvernement politique, à
l'instar de celle du gouvernement civil, doit
résulter de la distribution et de la balance des
pouvoirs : or, comme chaque société civile a
un point central vers lequel se réunissent ses
pouvoirs constitutifs, qui se balancent avec
régularité pour lui imprimer la rotation nécessaire; il faut de même que la société politique

ait un centre où viennent aboutir ses puissances constitutives, qui doivent se balancer
avec la même régularité pour lui imprimer le
mouvement requis.

Par l'institution de ces trois pouvoirs *intrinsèques* du gouvernement politique, que
les princes ne craignent pas de créer une
autorité souveraine qui puisse attenter contre
eux : tout au contraire, cette triple autorité politique les consolidera respectivement dans leurs droits, ne fût-ce que pour
se maintenir elle - même dans sa propre
sphère. Quand les gouvernemens civils ne
donneront de leur puissance au gouvernement politique qu'autant qu'il lui en faudra
pour les contenir dans leurs bornes sans
pouvoir jamais leur porter atteinte, qu'auront-
ils alors à craindre? Mais dans le fond ils
n'en donneront rien, puisque l'usage de cette
puissance ne servira que pour les garantir
les uns les autres : ce gouvernement politique sera l'ouvrier qui travaillera au profit
des gouvernemens civils avec les instrumens
qu'ils lui auront confiés; et ce qui rendra
l'institution efficacement bonne, c'est que le
bien devra s'y faire en commun. Ainsi, tous
les services que chaque état pourra rendre

au gouvernement politique, il les lui devra
sitôt que ce gouvernement les demandera
pour le bien public. Quand un peuple ten-
tera de faire une invasion chez un autre
peuple le gouvernement viendra avec la force
armée au secours de l'état qui sera menacé :
mais il ne faut pas que ce gouvernement politique puisse ni veuille jamais exiger des
gouvernemens civils aucun acte contraire au
bien général : or, pour prévenir ce danger
il faudra donner à chaque état le nombre de
troupes qui lui sera nécessaire pour mieux
assurer l'exécution des lois civiles et politiques.

Mais à qui sera attribuée la nomination des
pouvoirs *intrinsèques* du gouvernement politique ? en quoi consisteront leurs fonctions ?
quelle affinité y aura-t-il entr'elles ? quelles
seront les qualités essentielles pour y être
élu ? de quelles nations seront leurs membres ? en quel nombre ? pour combien de
tems ? Je renvoie la solution de ces questions
à un autre tems, attendu que je dois créer
auparavant un quatrième pouvoir.

Après avoir établi le gouvernement politique sur son fondement par l'institution
projetée de ses trois pouvoirs *intrinsèques*,

il me reste à lui communiquer la volonté par l'institution des lois, et à lui donner la force pour l'exécution de ces mêmes lois ; car la formation du gouvernement de l'Europe ne détermine encore rien de ce qu'il doit faire pour conserver les états qui le composent : il faut donc établir à présent la puissance législative, celle qui doit faire connaître ses intentions aux autres puissances qui sont chargées de l'exécution des lois ; celle enfin qui doit déterminer leurs fonctions comme leurs droits, et prescrire ce qu'elles doivent faire pour opérer la sûreté et la paix.

Je vais donc parler de la puissance législative du gouvernement Européen, de cette puissance qui doit composer les lois constitutionnelles, qui doit tracer invariablement la ligne de démarcation pour limiter les empires, et prescrire ce que les nations doivent faire les unes par rapport aux autres. A qui sera remis ce pouvoir capital ? pourra-t-il se lier sans danger avec les autres pouvoirs du gouvernement politique ? Ce pouvoir indivisible, qui émane de la souveraineté, appartient essentiellement aux peuples ; mais attendu la vaste étendue et l'immense population de l'Europe, il est impossible que les peuples en corps exercent immédiatement ce souverain pouvoir; il faut qu'ils fassent par leurs gouvernans ce qu'ils ne peuvent pas faire par eux-mêmes; et, supposé qu'il fût possible, il serait très-dangereux de les assembler; on ne verrait partout que tumulte, que confusion, que désordre; et, sans faire ici l'énumération des malheurs qui pourraient arriver, il suffira de dire que le mouvement de cette énorme masse ne ferait que causer de grands frais inutiles.

Dans l'origine des sociétés le peuple en corps a élu immédiatement ses magistrats, à qui il a conféré la puissance du gouvernement civil; mais dans l'institution du gouvernement politique les peuples de l'Europe, bien qu'ils aient le même droit, ne sauraient exercer immédiatement entr'eux cet acte de souveraineté; ils doivent donc l'exercer par l'entremise de leurs gouvernemens, quels qu'ils soient, simples ou composés, sans qu'il soit nécessaire de leur communiquer de nouveaux pouvoirs, attendu que cet acte n'est qu'une suite de la puissance qu'ils leur ont conférée dans le commencement, à condition qu'ils s'en serviraient pour les garantir au-dedans contre les violateurs du droit civil, et pour les défendre au-dehors contre les infracteurs du droit des gens. (1) Or, puisque les gouvernans doivent faire au nom des peuples, dont ils sont les représentans, ce que les peuples ne peuvent pas faire par eux-mêmes, il est à croire qu'ils agiront fidèlement dans la formation des lois, et qu'ils ne perdront jamais de vue l'objet de cette sublime institution, qui est la paix générale, sous l'exacte observation du droit des gens.

Qu'est-ce donc que le droit des gens? Les lois qui le constituent sont les conventions passées entre les gouvernemens civils pour la sûreté des états. Les princes, par droit de représentation, devront être les auteurs de ces lois, à l'observation desquelles ils seront soumis pour le bien des peuples; c'est à eux que sera attribué l'établissement des principes réglementaires et fondamentaux du gouvernement politique; à eux appartiendra

----

(1) Si on voulait prendre là-dessus le vœu du peuple il est certain qu'on l'obtiendrait toujours; or, pour donner à cette institution un caractère plus imposant et une base plus légitime, les gouvernemens pourraient la faire accepter et ratifier même par les peuples, ne fût-ce que pour faire voir que les droits nationaux sont respectés.

la nomination des membres du congrès et du tribunal, ainsi que la désignation des candidats pour le protectorat; (1) ce seront eux en un mot qui devront former toute l'institution. Mais comment travailleront-ils à ce grand œuvre? sera-ce d'un commun accord, par une volonté simultanée? Ce corps des gouvernemens Européens aura-t-il un organe pour énoncer ses intentions? d'où viendra la première impulsion qui communiquera aux différens états le mouvement qui doit les conduire au but de cette institution? Il n'est pas question ici d'un concours fortuit d'atomes, comme dans le système ridicule d'*Epicure*, ni de la chimère des tourbillons de *Descartes*, qui se meuvent les uns les autres pour s'entredétruire : il faut une force motrice qui pousse, qui dirige continuellement tous les corps impériaux de l'Europe vers un même centre pour la paix générale : or, comment trouver cette force motrice? Il y a dans l'Europe plusieurs princes qui sont jaloux les uns des autres; il y a plusieurs parties militantes entr'elles qu'il faut réunir : comment

_____

(1) Ceci sera expliqué au chap. VI de ce livre.

tout cela pourra se faire ? Cela se fera par la puissance et la volonté des gouvernemens civils.

Pour instituer le gouvernement politique il n'y a que deux actes à produire ; la formation des lois constitutives du droit des gens, laquelle appartiendra aux gouvernans, qui l'exerceront pour les peuples dont ils sont les officiers ; et l'exécution de ces mêmes lois, laquelle sera confiée aux soins des trois pouvoirs *intrinsèques*, qui agiront pour les princes dont ils sont les délégués. Par le premier de ces actes les princes statueront, comme puissance législative, qu'il y aura un corps de gouvernement politique établi dans l'Europe , auquel ils remettront l'exécution des lois qui composeront le droit public; ces lois régleront tous les droits respectifs des nations, la nature et la durée des fonctions des trois pouvoirs *intrinsèques,* la manière d'élire leurs membres, etc. Par le second acte, qui n'est qu'une suite du premier, ces trois pouvoirs du gouvernement travailleront de concert, chacun pour ce qui le regardera, à mettre à exécution les lois qui émaneront du pouvoir législatif.

3.   5

L'action qui viendra, par le moyen de la puissance législative, des gouvernemens civils au gouvernement politique donnera au corps Européen la volonté et la force pour faire suivre cette même volonté; l'action qui retournera du gouvernement politique aux gouvernemens civils donnera l'exécution de la volonté et l'usage de la force pour opérer cette même exécution. Ces deux actes, qui sont inséparables, et qui ne forment pour ainsi dire qu'un même acte complexe, peut se comparer à l'aspiration et à la respiration du cœur humain; ce qu'on appelle en terme d'anatomie la *sistole* et la *diastole* : la première attire l'air, et la seconde le renvoie; l'une donne la vie au corps, et l'autre lui donne la conservation.

Les fonctions du pouvoir législatif sont plus simples, par cela qu'un seul corps constitué les exerce particulièrement; celles au contraire du pouvoir exécutif sont plus complexes, par cela qu'ils sont trois corps constitués pour les exercer; ce qui dérive de la nature de la chose. Il est plus aisé et plus court de vouloir que d'agir, de former un plan que de l'exécuter : là il ne faut que tracer des images et concevoir des desseins; ici il faut rassembler des matériaux et construire des édifices. La nature semble encore nous ménager ce moyen pour prévenir l'abus de la puissance exécutrice du gouvernement, par la surveillance mutuelle des trois corps, qui l'exerceront conjointement.

A présent il est question de savoir comment on pourra avoir un acte de gouvernement avant que le gouvernement existe pour former ses lois constitutionnelles, et pour instituer ses trois pouvoirs *intrinsèques* ; cela doit se faire par une réunion brusque, par une communication rapide de toutes les principales volontés de l'Europe : mais qui fera mouvoir simultanément toutes ces volontés ? Pour résoudre ce problême il faut considérer que le mouvement requis pour cette grande institution n'est qu'un acte qui doit naître d'un corps vivant, d'un être capable de le produire : or, les gouvernans européens sont des êtres animés, des puissances qui n'ont besoin que de s'entendre pour faire ce chef-d'œuvre politique. Il est vrai que quelque grande que soit la puissance des gouvernans elle ne peut pas créer le germe de l'institution ; elle ne peut que le développer ; mais ce germe existe, puisque nous avons vu que les peuples sont suscep-

tibles de se réunir politiquement pour se communiquer en paix.

L'accord que les princes passeront entre
eux pour former cette grande institution ne
pourra jamais affaiblir leur autorité souveraine, puisqu'ils garderont dans leurs mains la
puissance législative du gouvernement politique, laquelle est fondamentale; ce sera
un accord par lequel ils stipuleront la liberté,
la sûreté et la paix en faveur de tous les
états. Les conditions qui seront arrêtées entre
eux seront mises sous la surveillance et sous
la protection des pouvoirs *intrinsèques* du
gouvernement, qui les feront exécuter à
l'égard de tous les princes, sans leur ravir
aucune portion de leur souveraineté, qui restera intacte selon les lois du droit des gens.
Ce gouvernement sera équitable, parce qu'il
aura pour fondement l'accord unanime des
états; utile, parce qu'il ne pourra avoir pour
objet que la paix générale; et stable, parce
qu'il aura pour garant la force publique à
sa disposition. Or, tant que les princes européens ne seront soumis qu'à de telles conditions, ils ne risqueront pas de perdre leur
autorité : ainsi, la situation politique des gouvernemens de l'Europe sera préférable à

celle qu'ils ont maintenant; ils ne feront qu'échanger le pouvoir de se détruire contre le pouvoir de se conserver; la faiblesse de leur isolement contre la force de leur réunion; enfin la guerre contre la paix. Il est vrai que chaque état aura à contribuer au maintien de la paix générale; mais aussi il n'aura jamais à faire la guerre pour sa conservation particulière.

Pour former le gouvernement politique il y aura donc quatre pouvoirs distincts, dont les fonctions devront être également pacifiques; savoir, le pouvoir législatif, qui résidera dans les mains des princes de l'Europe; ce pouvoir *extrinsèque* sera le premier, parce qu'il doit former l'institution : le pouvoir observateur, qui résidera dans les mains du congrès pour surveiller l'exécution des lois nationales, sera le second : le pouvoir judiciaire, qui sera remis entre les mains du tribunal suprême pour faire l'application des lois dans les cas de controverse, sera le troisième : et le pouvoir gardien, qui sera placé entre les mains du protectorat pour opérer l'exécution de ces mêmes lois, sera le quatrième. Ces trois derniers pouvoirs, appelés *intrinsèques*, s'exerceront immédiatement dans le sein du gouvernement politique pour

faire observer conjointement les lois du droit
public à tous les gouvernemens européens.

Comme les quatre pouvoirs constitutifs du
gouvernement ont la même origine, quoiqu'ils soient d'une nature différente, ils doivent avoir par conséquent la même fin : ils
se séparent dans l'exercice de leurs fonctions
pour remplir chacun la tâche qui lui est im-
posée par le gouvernement; mais ils se réunissent dans la direction de ces mêmes fonctions pour parvenir au but commun de la
paix : ils tiennent originairement des peuples
l'existence et la vie, parce que les princes
qui les ont fondés sont les délégués des peuples dont ils sont eux-mêmes sortis; ils doivent donc travailler pour la conservation de
ces mêmes peuples qui leur donnent l'existence et la vie. Il en est de ces magistrats à
l'égard des nations comme des enfans à
l'égard du père, avec la différence que dans
la maison le petit nombre donne pour se
reproduire la vie au plus grand; au lieu que
dans le gouvernement politique le plus grand
nombre donne pour se conserver l'existence
au plus petit.

Voici précisément la marche du gouvernement politique : les princes européens exer-

ceront entr'eux la puissance de faire les lois constitutionnelles ; le congrès aura la faculté d'examiner de quelle manière ces lois seront observées par les gouvernemens civils, et appliquées par le tribunal suprême sous le ministère et la poursuite du protectorat : or, les fonctions des gouvernémens civils auront une telle liaison avec celles des juges nationaux, que sans se confondre, ni sans rien perdre de leurs attributs, ils travailleront de concert à la composition des lois du droit des gens. Les premiers auront le droit de les instituer, et les seconds auront simplement la commission de les rédiger. Les fonctions du congrès auront une telle connexité avec celles du protectorat qu'ils devront également, sans se confondre, concourir à la commune exécution des lois ; l'un aura le pouvoir de la surveillance, et l'autre aura celui de l'exécution même. Ainsi ces quatre pouvoirs, se réduisant pour ainsi dire en deux pouvoirs sans se dénaturer mutuellement, formeront entr'eux deux contre-poids parfaitement égaux, qui établiront l'équilibre des états européens, sur lequel doit reposer la paix générale.

Quoi qu'il en soit, on ne doit pas regarder les résolutions du congrès, ni les décisions du tribunal, ni les fonctions du protectorat comme des actes de souveraineté immédiate, puisque chacun de ces actes ne sera pas une loi, mais une surveillance, mais une application, mais une exécution de la loi qui découlera de la puissance législative, placée dans les mains des gouvernemens civils. Ainsi, que les princes ne craignent pas de partager, ni même de rien communiquer de leur souveraineté aux trois pouvoirs *intrin-sèques* du gouvernement politique ; les fonctions qui seront attribuées à ces trois corps constitués ne serviront qu'à mieux affermir les princes dans leur puissance ; tous les droits qu'ils pourront donner leur resteront subordonnés par l'observation du droit des gens, et supposeront toujours la volonté des législateurs, dont ces trois pouvoirs ne donneront que l'exécution. Par le moyen de cette institution le gouvernement politique accordera le droit de toutes les nations, et conciliera les intérêts de tous les princes, qui n'auront plus alors qu'à s'appliquer à rendre les peuples heureux par les améliorations qu'ils pourront faire dans leurs états.

Dans cette constitution politique les rapports qui existeront entre les puissances européennes seront tels, que les peuples, comme pouvoir souverain, formeront le sujet; les princes, comme délégués des peuples, formeront l'attribut; et le gouvernement politique, qui procédera médiatement des uns, et immédiatement des autres, en vertu de la subrogation faite par les peuples à leurs gouvernans, formera la connexion de ces mêmes peuples avec ces mêmes gouvernans pour l'établissement de la paix générale. Ce raisonnement est fondé sur cet axiome de mathématiques, que deux choses qui conviennent avec une troisième conviennent aussi entre elles. Mais s'il arrivait que les princes européens, qui, par délégation des peuples, exerceront le pouvoir législatif du gouvernement politique, voulussent violer les lois du droit public, alors les trois magistratures *intrinsèques,* qui, par sous-délégation des mêmes peuples, exerceront ensemble le pouvoir exécutif du gouvernement, emploieront la force qu'elles auront en main pour réprimer les infracteurs du droit des gens : ainsi, les sous-délégués agiront en cas de besoin, et toujours selon les principes de la justice, contre les délégués en faveur des délégataires.

Nous avons vu que le gouvernement poli-

tique doit se constituer, par le concours de
tous les gouvernemens civils de l'Europe, sous
les mêmes lois du droit des gens : il semble
que de cette manière aucun prince ne
pourra avoir d'intérêt contraire à celui des
autres à l'égard de la paix générale. Mais
malgré cette utilité commune, comme chaque
gouvernement civil pourrait, par jalousie ou
par ambition, avoir une volonté particulière
contraire à la volonté générale du gouvernement politique, sous la perspective d'un intérêt mal entendu, car les potentats n'agissent pas toujours pour le bien des peuples,
quoiqu'ils s'en soient imposé l'obligation, il
faudra établir dans le gouvernement Européen une force capable de réprimer les puissances rebelles, laquelle sera mise à la disposition du protectorat pour faire exécuter
les résolutions du congrès, les décisions du
tribunal, et toutes les lois du droit public qui émaneront de la puissance législative : il ne faut pas croire que cette force,
qui sera centrale, puisse jamais devenir funeste aux puissances de l'Europe, attendu
qu'elle sera tempérée par la distribution des
quatre pouvoirs constitutifs du gouvernement
politique, qui s'exerceront séparément et de

concert pour la sûreté des gouvernemens civils.

Les pouvoirs constitués du gouvernement politique seront des corps intermédiaires chargés de surveiller l'exécution du droit des gens pour assurer la tranquillité des peuples; comme les pouvoirs constitués de chaque état sont des corps intermédiaires chargés de surveiller l'exécution du droit civil pour assurer la liberté des citoyens; et quoique dans toutes les institutions humaines on fasse le plus grand cas de la simplicité, on ne peut pourtant former un bon gouvernement que d'une manière complexe; la sûreté publique s'établit par la balance de ces différens pouvoirs : il est vrai que l'on doit simplifier autant qu'il est possible le gouvernement, parce que plus la machine politique est compliquée, plus elle est difficile à régler, et plus aussi elle est sujette à se déranger.

Il faudra que dans ce gouvernement politique tous les peuples de l'Europe, en se constituant sous une même autorité extérieure, restent chacun dans leur constitution civile, et conservent tous les attributs de leur souveraineté : ce sera une confédération qui se rapprochera un peu de celle de l'Helvétie, où

les treize cantons forment autant de républiques indépendantes. La différence qu'il
y aura, c'est que les états de l'Europe, par
l'union commune et directe que chacun d'eux
aura avec tous les autres, formeront un seul
corps politique, qui pourvoira à la sûreté de
tous ses membres, tant par la force publique,
qui sera confiée au pouvoir exécutif du gouvernement politique, que par les forces particulières qui resteront à la disposition des souverains de l'Europe, qui en auront le pouvoir législatif; au lieu que les cantons suisses,
dans leur constitution fédérative, n'ont pas
de puissance législative ni de puissance exécutrice à l'égard du droit des gens, et ne forment pas un corps dont chaque membre
soit lié par une union directe avec tous les
autres, mais seulement par une union indi-
recte qui naît entre deux cantons à l'égard d'un
troisième; ce qui fait qu'ils ne peuvent agir
les uns pour les autres, et se secourir mutuellement qu'en vertu de leurs alliances particulières, et non pas en vertu d'une alliance
générale. (1)

_____

(1) La ligue des cantons suisses est une alliance
purement défensive, par laquelle ils réunissent leurs

Pour se former une idée juste des rapports qui s'établiront par cette institution entre les divers états de l'Europe il faut considérer que la solidité du gouvernement politique tiendra autant à l'indépendance intérieure qu'à l'union extérieure de chacune de ses parties. Cette constitution européenne, liant

---

forces pour se garantir des attaques du dehors, et se préserver des troubles du dedans : mais un vice bien frappant dans cette confédération, c'est que ces cantons ne disposent pas tous également des forces de tout le corps confédéré. Il y a plus; l'inégalité de leurs forces particulières, la différence de leurs principes d'économie, la diversité de leurs opinions religieuses, et le droit qu'ils ont de former séparément des alliances avec les puissances étrangères, tout cela rend encore leur union très-imparfaite.

Voici comme en parle un encyclopédiste : « C'est improprement que l'on donne à cette confédération le titre de *république* ou d'*état souverain* : le nom d'état suppose une administration fixe, une autorité qui a un centre, un pouvoir exécutif, des revenus assignés pour la défense de la nation; or, le corps helvétique n'a rien de tout cela....... Les conditions des traités, quelques conventions de police générale ne suffisent pas pour faire envisager la ligue comme un corps politique individuel. » *Encyclop. méthod.*, *Economie*, tom. 1, art. *Corps helvétique.*

les empires sans les assujettir, ni même les assimiler les uns aux autres, sera fondée sur un système d'équilibre bien combiné, qui établira parmi eux une paix invariable en les laissant se gouverner librement par leurs lois particulières ; enfin le gouvernement politique n'aura d'autre but que de garantir chaque puissance en lui laissant la liberté d'agir selon sa volonté dans ce qui ne nuira point au droit des autres.

On me dira peut-être que le gouvernement politique ne pourra rester long-tems sans se détruire ou sans être détruit : c'est une objection sans fondement : une république fédérative subsiste dans la réunion intérieure de plusieurs provinces qui forment un corps civil pour leur commune conservation : s'il éclate quelque sédition dans une des parties confédérées, les autres l'appaisent promptement ; si un membre tente d'en subjuguer un autre, ceux qui sont libres encore lui résistent avec des forces supérieures, et peuvent l'accabler avant qu'il ait exécuté son projet d'invasion. Pourquoi donc le gouvernement politique ne pourra-t-il pas subsister dans la réunion extérieure de plusieurs états ? Il le pourra d'autant mieux que les peuples sont liés plus

étroitement encore dans le gouvernement politique que ne le sont les provinces dans une
république fédérative, parce qu'il renferme
en même tems deux associations qui se fondent ensemble, ou plutôt deux *polições;*(1)
celle de la société civile, qui unit chaque souverain simple ou composé à ses sujets; et
celle de la société politique, qui unit tous les
princes à tous les peuples.

Cette espèce de gouvernement ne sera, civilement parlant, ni une monarchie, ni une
république, mais un état politiquement mixte,
dont les pouvoirs constitutifs, dérivant des
princes et des peuples, formeront un être
collectif qui sera l'officier plus que le maître des
puissances européennes réunies en une société
extrinséquément *démocrato - monarchique;*
ce sera en un mot non pas la tête, mais les mains
d'un corps politiquement formé par tous les
peuples de l'Europe, en tant qu'elles ne feront qu'exécuter la volonté du pouvoir législatif qui sera exercé par les princes; de

_____

(1) Le terme de civilisation, spécialement affecté à
chaque peuple, ne serait pas assez générique pour exprimer pleinement mon idée, parce qu'il s'agit de la
civilisation de tous les peuples en général.

sorte que les peuples ne feront une société politique de diverses sociétés civiles que par une obéissance commune aux lois du droit des gens ; et, sans être précisément concitoyens ni compatriotes, ils seront tous co-associés au gouvernement Européen.

Il semble que les corps de magistrature du gouvernement politique, composés de membres de chaque nation, formeront comme une république fédérative des divers états européens ; ce qui va directement contre les principes déjà établis : mais quoique les républiques fédératives aient des états généraux et des magistrats communs comme le gouvernement politique, il y a cette différence d'elles à lui que les pouvoirs constitutifs des états confédérés forment le souverain, au lieu que les pouvoirs constitutifs du gouvernement politique, abstraction faite du pouvoir législatif, ne sont, si j'ose m'exprimer ainsi, que les serviteurs des souverains.

Enfin, tout bien considéré, nous trouvons dans les termes numériques quatre pouvoirs dénominateurs, qui, suivant les règles d'équipollence, se réduisent, par manière d'opposition, en deux ; savoir, le pouvoir législatif, lequel est simple, parce qu'il réside

dans les mains d'un seul corps; et le pouvoir exécutif, lequel est composé, parce
qu'il se distribue dans trois corps différens;
de sorte que d'après les principes de géométrie, et dans la valeur réelle des choses, il
ne peut s'établir un véritable équilibre qu'entre
les deux dénominations de puissance législative et de puissance exécutrice, chacune
placée à l'une des extrémités de la ligne droite,
dont le point central, qui fait la division, a
pour base le droit des gens; qu'a la vérité
il peut bien s'établir encore à l'égard des
nombres arithmétiques un équilibre entre
les quatre corps constitutifs, appelés *législatif, inspecteur, judiciaire* et *protecteur;*
mais ce ne sera qu'un équilibre de nom, attendu que les trois derniers corps, se réunissant dans un seul, forment ce que nous ap-
pelons la *puissance exécutrice.*

Il y aura donc dans le gouvernement politique une parfaite balance entre la puissance législative ou *extrinsèque,* et la puissance exécutrice ou *intrinsèque;* balance
qu'on ne trouve point dans les gouvernemens civils, parce que dans chaque état particulier la puissance exécutrice est plus forte
que la législative et la judiciaire, attendu

3. 6

que le souverain, qui exerce toute la première,
exerce aussi une partie de la seconde par
des décrets particuliers, et une partie de la
troisième tant par l'influence qu'il a par ses
commissaires près des tribunaux que par
les nominations des juges aux places va-
cantes, (1) et attendu encore que ce même
souverain a nécessairement toutes le troupes
sous sa dépendance.

Ce n'est pas qu'on puisse regarder absolument les pouvoirs *intrinsèques* du gouvernement politique comme trois parties distinctes d'un seul tout; car ce ne sont pas
trois membres qui forment un même corps,
mais ce sont trois corps bien distincts qui
tendent à une même fin par l'union de leurs

---

(1) Quand même les trois pouvoirs, supposés égaux
ou inégaux, s'y exerceraient sans s'influencer réciproquement, la balance n'y sera pas non plus, parce
qu'il ne peut s'établir, mathématiquement parlant,
égalité de contre-poids dans un nombre ternaire.
En effet, si vous en mettez deux d'un côté de la
balance, et un de l'autre, l'équilibre sera détruit; si
vous en mettez seulement un de chaque côté, le troisième n'aura point de contre-poids. Le raisonnement est
ici trop clair pour qu'il soit nécessaire de le démontrer
par une figure de géométrie.

fonctions diverses; de sorte qu'on voit dans chacun de ces pouvoirs une existence de corps particulière, et une existence d'action commune, laquelle peut s'appeler *co-efficience*, en tant qu'ils agissent simultanément pour la paix générale.

Mais quelle est la langue qui se parlera dans les corps constitués du gouvernement politique? sera-ce l'anglais ou l'espagnol, le français ou l'allemand, le moscovite ou toute autre langue de l'Europe? Il sera indifférent de quelle langue on se serve, pourvu que celle qu'on y parlera soit généralement entendue par les délégués. (1) Il m'échappe ici la réflexion que la langue vivante la plus répandue en Europe serait celle qui conviendrait le mieux d'y parler; quelle est cette langue? Je ne le dis pas, parce que je suis Français, mais tout le monde le sentira.

La langue latine, quoique langue morte,

_____

(1) Il y a dans chaque état des hommes qui savent toutes les langues usitées en Europe; il ne sera donc pas difficile de trouver dans leur sein des jurisconsultes habiles qui entendent parfaitement la langue qu'on y parlera.

serait celle dont on pourrait se servir dans
l'écriture pour la rédaction du droit des gens,
parce qu'elle est la plus féconde, celle qui
se parle par toute l'Europe, et qui est la plus
précise dans ses expressions ; deux points
bien essentiels aux lois ; le premier afin
qu'elles soient parfaitement connues et observées de tous les gouvernemens, et le
second afin que le tribunal suprême ne
puisse faire ni contre-sens, ni équivoque dans
leur application ; avantages auxquels il s'en
joindrait un troisième ; celui d'écarter la jalousie qui pourrait naître entre les peuples
si l'on se servait de la langue de l'un de préférence à celle de l'autre. Maintenant je vais
parler des quatre pouvoirs du gouvernement
politique, que je placerai suivant l'ordre et la
nature de leurs fonctions : comme ce sont les
colonnes de l'édifice européen, il a fallu pré-
parer les matériaux qui doivent servir à les
élever.

CHAPITRE III.

Pouvoir législatif et Droit des gens.

SANS doute que la législation du gouvernement politique appartiendrait, ainsi que
nous l'avons dit, aux peuples de l'Europe;
mais comme ils ne peuvent s'assembler pour
instituer les lois, les gouvernans exerceront,
par droit représentatif, ce pouvoir en vertu
de l'autorité qu'ils ont reçue lors de la formation des sociétés; (ici l'image a le même
effet que la réalité, parce qu'elle a par trans-
mission la même puissance) et quand même
les peuples pourraient s'assembler, il n'est
pas moins vrai qu'ils n'auraient ni assez de
discernement, ni assez de réflexion pour
créer des lois : ils doivent donc le faire
par l'entremise de leurs souverains, sauf
pourtant à eux de ratifier les lois qui seront instituées. Sous ce rapport le pouvoir
exécutif de chaque gouvernement civil va
devenir membre du pouvoir législatif, du
gouvernement politique : or, ce qui s'ap-

pelle civilisation dans chaque état particulier à l'égard de ses habitans pourra s'appeler dans l'Europe *popularisation* à l'égard
de toutes les nations qui y seront renfermées.

Dans l'ordre naturel comme dans l'ordre
politique le pouvoir législatif doit être le
premier, parce qu'il est le souverain pouvoir, celui qui doit créer les autres pouvoirs constitutifs du gouvernement. Point
de doute qu'il faut instituer les lois avant
d'en surveiller l'exécution, avant d'en faire
l'application, et avant même de les mettre
à exécution. Ce pouvoir, qui par droit
d'*initiative* doit consentir et même fonder
l'institution, sera donc attribué aux gouvernans européens, qui l'exerceront au nom
des peuples, et qui seront les uns à l'égard
des autres comme de simples individus soumis aux lois qu'ils auront institutées : ce
pouvoir, appelé *extrinsèque*, pour faire
voir qu'il appartient originairement aux
peuples, viendra avec une force générale,
des gouvernemens civils s'exercer dans le
gouvernement politique, en passant, par manière de substitution, entre les mains du tribunal, composé des plus habiles jurisconsultes, qui seront chargés de rédiger les lois :

ce pouvoir sera celui qui devra être le régulateur des droits respectifs des états; celui qui
contre-balancera les autres pouvoirs pour les
mettre dans l'impossibilité de sortir de leurs
bornes, en les plaçant sous une mutuelle
dépendance; celui enfin qui formera la véritable union des gouvernemens civils avec le
gouvernement politique.

Les princes, comme législateurs du gouvernement Européen, sont les intermédiaires
des peuples et des trois corps *intrinsèques*
qui exercent la puissance exécutrice du
même gouvernement; ils servent par leur
entremise à les lier les uns avec les autres.
On ne peut mieux déterminer les fonctions de ces pouvoirs constitutifs qu'en les
comparant à un syllogisme, nécessairement
composé de trois termes, de la *majeure*, de la
mineure et de la *conclusion*; le premier et le
troisième sont les extrêmes, qui ne peuvent
être unis que par le moyen terme, qui par-
ticipe de l'un et de l'autre : or, la majeure
représente les peuples; la mineure représente
les pouvoirs *intrinsèques* du gouvernement,
et la conclusion représente les princes, qui,
comme législateurs, sont placés au milieu pour
communiquer aux peuples les bienfaits qu'ils

recevront du gouvernement politique par le moyen de la paix, en observant ses lois constitutionnelles.

Le pouvoir législatif du gouvernement devra donc faire les lois du droit public de l'Europe, et se soumettre à leur exécution. Oui, les lois qui émaneront de cette puissance devront être observées par ceux-là même qui en seront revêtus. Chose remarquable; les gouvernans vont être ici gouvernés sans rien perdre de leur puissance souveraine, qui en deviendra même plus solide et plus respectable; car, comme dans le gouvernement civil les particuliers font des lois qui doivent les protéger ou les punir selon leur bonne ou mauvaise conduite, de même les princes dans le gouvernement politique feront des lois qui seront pour eux quand ils seront injustement attaqués, et contre eux quand ils attaqueront injustement. Il y a pourtant cette différence entre le droit civil et le droit des gens que dans le premier la portion seulement du peuple la plus éclairée institue les lois en faveur et pour l'appui du gouvernement contre tout le peuple, qui doit les observer; au lieu que dans le second le corps entier des princes instituera les lois contre lui-même, qui devra les observer en faveur des peuples.

Le pouvoir législatif sera donc placé dans les mains des princes européens; mais comme ils sont déjà beaucoup occupés du gouvernement intérieur des états, ils pourront subroger le tribunal suprême, composé d'habiles jurisconsultes, pour travailler à la composition des lois du droit des gens; cet acte de subrogation, qui semble dépouiller les gouvernans du pouvoir législatif pour le transférer au tribunal, ne sera qu'une simple commission donnée, attendu que ce même pouvoir retournera encore à ses vrais propriétaires par le moyen de la sanction de ces mêmes gouvernans, à laquelle les lois seront soumises pour devenir obligatoires; de sorte qu'on peut appliquer ici toutes les règles du droit naturel et du droit positif sur les choses qui se feront par commission.

Point de risque que par cette subrogation le tribunal suprême puisse usurper aux gouvernans la puissance de faire les lois, laquelle deviendrait arbitraire si elle était jointe à celle qu'il a de juger. Non, il ne fera, si j'ose m'exprimer ainsi, que les fonctions de simple facteur, sans pouvoir l'exercer de son

chef, parce que les lois qu'il instituera devront être soumises à la sanction des gouvernans. En effet, celui qui rédige les lois
n'a pas pour cela le pouvoir législatif; il
travaille pour des hommes qui l'ont chargé de
les faire, soit à cause de leur incapacité, soit par
défaut de loisir; et quand même les gouvernans
voudraient se dépouiller de ce droit, ce qui
n'est pas vraisemblable, ils ne le pourraient
pas, attendu qu'ils le tiennent des peuples, qui
en sont les vrais et légitimes propriétaires.

Ceux qui instituent les lois savent bien de
quelle manière il faut les entendre et les exécuter; mais comme dans tous les états le pouvoir législatif doit être séparé du pouvoir exécutif pour conserver la liberté des citoyens, il
n'est pas possible que les lois soient exécutées
par ceux qui les ont faites, car on tomberait
alors dans le despotisme. Il est fatal de voir
la perfection du gouvernement civil sans pouvoir l'atteindre : or, l'inconvénient est tel,
que si l'on voulait perfectionner le gouvernement civil jusqu'à ce point-là, c'est à
dire confier l'exécution des lois à ceux qui
les auraient instituées, on y opérerait un
mal réel pour un bien apparent. Notre
gouvernement politique, au contraire, aura

l'avantage que, sans réunir le pouvoir législatif au pouvoir exécutif, les lois seront
interprétées et appliquées par ceux-là même
qui auront eu la commission de les rédiger ;
avantage qu'aucun gouvernement civil ne
peut avoir, comme nous venons de le dire,
parce qu'il renferme dans son sein une foule
de tribunaux qui doivent seulement faire l'application des lois.

Le corps législatif ne restera que peu de
tems assemblé, puisqu'il n'aura qu'à sanctionner les lois qui sortiront toutes faites des
mains du tribunal ; sa session d'ailleurs ne
pourrait pas être longue, parce qu'il n'est
composé que de princes européens, qui ne
peuvent laisser long-tems leur place vacante.
Il semble que par la brièveté de cette opération
la nature veut distribuer ce pouvoir entre ce
qu'il doit faire pour les gouvernemens civils,
et ce qu'il doit faire pour le gouvernement politique ; c'est à dire que ce pouvoir paraît être
fait de manière à remplir en même tems les
fonctions des gouvernans des états et de législateurs de l'Europe, sans faire languir les
premières, qui doivent être continuelles, ni les
secondes, qui ne doivent être que momentanées :
mais c'est moins la nature que l'art qui pro-

duit cette distribution compensatrice. On doit voir ici que la subrogation du tribunal pour la rédaction des lois nationales est très-utile au corps législatif, puisqu'elle le décharge d'un travail qui demanderait un examen réfléchi, et par conséquent un tems considérable : on doit voir encore que la permanence du tribunal a cette importance que les jurisconsultes dont il sera composé pourront mûrir les lois politiques, et servir le corps législatif en abrégeant la durée de sa session.

Il ne suffira pas que les souverains de l'Europe aient fixé la constitution du gouvernement en donnant, comme puissance législative, leur sanction aux lois qui seront rédigées par les membres du tribunal suprême, ni qu'ils aient pourvu une fois pour toutes à l'élection des magistrats *intrinsèques*. Outre les assemblées extraordinaires que des cas imprévus pourront exiger, lesquelles seront convoquées par le congrès, il faudra que tous les ans, ou si l'on veut à des époques plus éloignées, il y ait une assemblée fixe, à laquelle tous les princes se rendront personnellement, sans autre convocation que celle de la loi, pour entendre le rapport que le congrès fera de toutes les affaires qui auront été portées devant le tribunal suprême, des infractions faites aux lois du droit des gens, des applications de ces mêmes lois, et de toutes les décisions qui auront été rendues sur les différends nationaux; car tout sera écrit pour former un corps d'instruction à la suite des lois.

Mais dans quel endroit le corps législatif tiendra-t-il sa session? sera-t-elle fixée pour toujours dans le même lieu, ou bien s'assemblera-t-il tour à tour dans chaque état pour un tems déterminé? Il semble que cette translation périodique rendrait les avantages plus égaux entre les nations européennes, et leur ôterait tout sujet de jalousie et de crainte; mais on doit faire attention que ces avantages seraient moins réels qu'apparens, parce qu'alors le corps législatif pourrait être influencé alternativement par l'état dans lequel il se trouverait. D'ailleurs quelle jalousie, quelle crainte peut-on concevoir de peuple contre peuple, de souverain contre souverain, quand ils seront enchaînés les uns avec les autres par une institution qui embrassera également tous leurs intérêts.

Sans déterminer ici le lieu des séances du
corps législatif, il faudra le faire siéger séparément dans le même local qui sera désigné
pour les trois puissances *intrinsèques* du gouvernement, afin qu'il puisse remplir auprès
d'elles les fonctions qui lui seront attribuées,
soit d'abord pour sanctionner les lois du droit
des gens, qui lui seront présentées par le
congrès après qu'elles auront été rédigées
par le tribunal, soit ensuite pour prendre connaissance de tous les actes qui seront émanés
de ces trois pouvoirs *intrinsèques*, ainsi que
de toutes les affaires qui auront eu lieu entre
les gouvernemens, c'est à dire entre éux-
mêmes.

Le code du droit des gens sera donc rédigé
par le tribunal suprême, qui le soumettra à
la sanction du pouvoir législatif pour qu'il
devienne l'expression directe des états européens. Ce grand œuvre de la législation
appartiendrait sans contredit aux princes, qui
sont les représentans des nations; mais pour
ne pas les distraire de leurs fonctions, les
juges de ce tribunal, c'est à dire les plus
habiles jurisconsultes de l'Europe, seront chargés de travailler à la confection de cet ouvrage, en se basant sur les principes du droit

public, qui n'est autre chose que les droits respectifs des états. De cette manière ces souverains magistrats, connaissant plus parfaitement l'esprit de ces lois, parce qu'ils les auront faites, en feront une plus juste application.

Quand les tables du droit des gens seront dressées le congrès les présentera à la sanction de tous les gouvernemens de l'Europe: il sera donné un exemplaire de ces saintes lois à chacun des trois pouvoirs *intrinsèques* du gouvernement pour les mettre à exécution; il en sera remis un surtout à chaque souverain, afin qu'ils en deviennent les uns envers les autres les rigides observateurs; car il est indispensable que ceux pour qui les lois sont faites les connaissent à fond, afin qu'ils puissent s'y conformer. Le principal dépôt de cette arche d'alliance se fera solennellement au congrès: l'on gravera sur le frontispice de ce grand code national ces mots en caractère de bronze, soit pour marquer qu'ils ne s'effaceront jamais, soit pour exprimer la rigueur de ces lois contre leurs infracteurs: *Malheur au gouvernement qui les transgressera!*

Mais quel travail immense va présenter aux

yeux des législateurs la rédaction d'un code
qui doit embrasser les droits de tous les états
européens, et unir les intérêts de tous les
peuples sans jamais les confondre ! La composition des lois du droit des gens sera un
ouvrage plus simple qu'il ne paraît, puisque ces lois ne devront être fondées que sur ce
principe de la nature posé par *Montesquieu*, (1) « que les diverses nations doivent
se faire dans la paix le plus de bien, et dans
la guerre le moins de mal qu'il est possible,
sans nuire à leurs véritables intérêts. » Mais,
chose encore plus admirable, il ne sera pas
question dans le gouvernement politique de
prescrire ce que les nations devront faire dans
la guerre les unes à l'égard des autres pour
adoucir leurs outrages, attendu qu'il ne pourra
plus y avoir de guerres parmi elles ; il ne sera
pas question de régler aucune condition entre
les vainqueurs et les vaincus, attendu qu'il
ne devra plus y avoir de combats : il sera
question seulement de fixer invariablement
les bornes respectives des empires pour faire
disparaître tout sujet de dispute et d'injustice
réciproques ; de déterminer précisément le

(1) Esprit des Lois, liv. 1, chap. 3.

nombre proportionnel de troupes que chaque
état devra entretenir sur son territoire pour
dissiper tout sujet de crainte, en assurant
l'ordre intérieur et la défense extérieure par
le moyen de l'équilibre de l'Europe; d'assi-
gner le nombre égal de membres que chacun
d'eux devra envoyer pour la formation du congrès et du tribunal, afin d'ôter toute prépondérance dans les suffrages; d'admettre le concours unanime de tous les gouvernemens civils pour l'élection du protectorat, afin d'écarter toute espèce de privilège; de désigner
le même nombre de soldats que chacun
d'eux sera tenu de fournir pour la composition de l'armée protectorale, (1) afin d'éloigner toute mésintelligence : enfin il sera seulement question de prescrire aux nations de
se faire dans la paix tout le bien qu'elles
pourront pour la fixer imperturbablement au
milieu d'elles.

Ce code national renfermera encore les
lois, tant fondamentales que réglementaires,
sur l'époque de l'ouverture périodique du
corps législatif, sur la liberté absolue du com-

(1) Il sera parlé de cette matière au chap. VI du
présent livre.

3.

merce à l'égard de l'importation et de l'exportation des denrées : ainsi, toutes les lois
entravantes ou prohibitives qu'un intérêt mal
entendu a fait établir chez les différens peuples seront abrogées, sauf pourtant les exceptions nécessaires : suppression admirable,
qui rendra le commerce plus florissant, les
communications plus rapides, et répandra
dans chaque état tous les agrémens de la vie
avec une main également libérale. Règle générale : plus le commerce est libre, moins
les marchandises sont chères, parce que la
concurrence des marchands en fait diminuer
le prix. (1)

Par les lois du droit des gens la mer s'ou-

_____

(1) En France, pour favoriser le consommateur et
pour rétablir la confiance du papier-monnaie, l'assemblée conventionnelle avait fait des lois qui taxaient le
prix des marchandises; et ces lois, appelées du
maximum, ne furent pas seulement impuissantes, elles
furent encore funestes; car elles affamèrent le peuple au
sein de l'abondance par le resserrement des denrées.
C'est dans cette apparente disette que le monopole exerça
les ravages les plus affreux; le prix des marchandises, au
lieu de diminuer, augmenta, parce qu'elles ne se vendaient plus que secrètement en valeur métallique; ce
qui prouve qu'il ne faut pas gêner le commerce.

vrira également à toutes les puissances, qui pourront aller librement chez les peuples avec lesquels elles auront des relations de commerce: alors l'empire de cet élément ne sera plus un sujet perpétuel de guerres; l'usage en deviendra commun à tous les peuples du monde pour leurs besoins commerciaux, comme il est commun à tous les habitans d'un état pour leurs besoins physiques; car jusqu'à présent l'empire de cet élément, étant celui que tous les souverains ont voulu posséder exclusivement, quoiqu'ils y aient tous les mêmes droits, a été une source de malheurs pour les nations.

Ainsi, un peuple qui voudra s'arroger par la force un droit exclusif sur la mer violera le droit des gens, et tous les autres peuples seront fondés à se réunir contre lui pour le réprimer. Les nations sont intéressées à faire respecter universellement le droit commun de la navigation; et, en réunissant leurs forces contre la puissance ennemie qui voudra sans raison les priver de ce bienfait de la nature, elles s'acquitteront de leurs devoirs envers elles et envers la société politique, dont elles seront membres.

Il n'en sera pas de même à l'égard de la pêche; les états peuvent avoir dans la mer des contrées qui leur appartiennent par des titres authentiques, et à raison de la proximité : dans ce cas-là, cette partie de la mer étant censée comprise dans le territoire de la nation la plus voisine, la propriété en sera mise sous la garantie commune pour lui être conservée par le droit des gens.

« La mer, dit *Bodin*, (1) appartient à tout le monde, et n'appartient à personne : qui pourrait y fixer ses possessions ? Cet élément mobile ne permet point que l'on y place des limites certaines ; nulle puissance n'y peut prétendre de propriété, si on excepte quelque espace le long des côtes que l'on possède, et dont la navigation trop libre pourrait faciliter une insulte. »

La première chose que les nations devront faire sera de bien fixer les limites respectives de leurs domaines territoriaux et maritimes, pour éviter toutes les querelles qui naissent ordinairement des prétendus actes d'usurpation ; car lorsque les confins des états ne sont pas assez bien reconnus il y a des droits qui deviennent équivoques, et chacun veut les inter-

_____

(1) Abrégé de la Rép., liv. 5, ch. 8.

prêter dans un sens qui lui soit avantageux:
de là naissent des discussions continuelles entre
les puissances.

Si les droits des peuples étaient toujours
bien déterminés par des clauses simples, par
des termes justes, précis, non équivoques, il
ne s'éleverait jamais de contestations à l'égard
de leurs propriétés, parce qu'elles seraient
alors distinctement reconnues. (1)

Que les lois constitutives du droit des gens
ne soient donc jamais ambiguës; qu'elles soient
toujours claires et précises; qu'elles s'expli-
quent littéralement, c'est à dire sans inter-

---

(1) « La partie du droit public qui paraît la plus généralement observée, dit un encyclopédiste, est celle
qui concerne les propriétés : chaque société est con-
venue de respecter les possessions des autres, à condition qu'on ne la troublera pas dans les siennes; on a
tracé des lignes de démarcation; des limites ont été
fixées en plusieurs endroits; les mers ont également été
divisées; il paraît convenu qu'à quelque distance des
côtes la mer suit la propriété du continent; c'est pourquoi dans les détroits on ne saurait passer sans permission, et qu'on paie des droits, comme au Sund.
Les grandes mers sont communes à toutes les nations;
telles sont à peu près les conventions générales. »
Encyclop. méthod. Logique, tom. 3, art. *Droit*
Public.

prétation, sans commentaire, afin qu'elles ne laissent rien à l'arbitraire des juges nationaux, et que les gouvernemens ne puissent avoir aucun prétexte de les enfreindre, ni de les éluder.

Pour éteindre entièrement le conflit des intérêts respectifs les législateurs qui composeront le droit public de l'Europe banniront toute communauté de biens entre les nations; ils auront surtout l'attention de n'enclaver dans un état quelconque aucune possession étrangère : rien n'était plus impolitique que des princes allemands eussent des propriétés, des privilèges dans la France; c'étaient pour ainsi dire des enfans bâtards qui venaient, aux dépens des enfans naturels, déchirer le sein de leur mère nourricière. Les législateurs proscriront encore le trafic honteux qui se fait entre les nations des soldats connus sous le nom de *troupes auxiliaires;* c'est une pratique barbare qui viole les lois du droit des gens, et blesse à la fois tous les principes de la nature, de la raison et de l'humanité : or, en abolissant cet usage ils obligeront chaque souverain d'avoir chez lui des troupes bien disciplinées.

Dans l'état civil comme dans l'état politique les alliances, les parentés, en un mot tout ce qui devrait resserrer les liens des princes comme des citoyens, ne sert très-souvent qu'à les relâcher; c'est un intérêt particulier mal entendu qui les rend jaloux et ennemis les uns des autres : cela vient de ce que dans le droit civil, comme dans le droit des gens, on n'a pas encore assez distingué les différens intérêts des maisons et des états, des familles et des peuples. On a peine à imaginer que *Mathias II*, archiduc d'Autriche, et proche parent de *Philippe II*, ait pris les armes en 1577 contre ce roi d'Espagne. Il est tout aussi étonnant qu'en 1679 *Louis XIV* ait fait la guerre à son beau-frère *Philippe V*, roi d'Espagne; à l'électeur de Bavière, dont il avait donné la sœur à son fils le Dauphin; et à l'électeur palatin, dont il brûla les états, après avoir marié Monsieur à la princesse palatine. Mais l'ambition des souverains ne connaît pas toujours les liens du sang.

Ouvrons l'histoire, et nous verrons qu'il n'y a aucun état dans l'Europe où les droits incertains à l'égard des successions royales n'aient fait naître la guerre; presque toutes

les clauses des contrats, presque tous les articles des traités n'ont été expliqués que par
les armes; les lois et les intérêts politiques
sont autant de contradictions parmi les princes
européens : cela est si vrai, que le roi de
France, *Philippe de Valois*, qui aurait dû
soutenir par la loi salique le comte de
Montfort, héritier mâle de la Bretagne,
prit le parti de *Charles de Blois*, dont le droit
dérivait des femmes; et le roi d'Angleterre,
Edouard III, qui aurait dû soutenir le droit
des femmes dans *Charles de Blois*, se dé-
clara pour le comte de *Montfort*. Or, la
guerre s'étant allumée entre la France et
l'Angleterre, on vit, entr'autres batailles, la
bataille sanglante de *Crécy*, qui se donna
près de la rivière de *Somme*. Le contrat de
mariage de l'aïeule de *Louis XII*, fille
d'un *Viscomti*, duc de Milan, fut la cause
des maux de l'Italie, des disgraces de
Louis XII et des malheurs de *François I*.,
parce qu'on n'avait pas décidé si les filles devaient hériter du duché de Milan. (1)

Mais s'il est arrivé que les droits hérédi-

_____

(1) Voyez l'Essai sur l'Hist. gén., tom. 3, ch. 63.

taires des princes de l'Europe ont causé des disputes qui n'ont pu être décidées que par la loi du plus fort, il est arrivé aussi que la plupart des querelles des souverains ont fini par des mariages : *Louis XII*, veuf d'*Anne de Bretagne*, obtint la paix avec *Henri VIII* en épousant sa sœur *Marie d'Angleterre*. Le mariage de *Louis XIV* avec l'infante *Marie-Thérèse* fit conclure en 1659 la paix entre la France et l'Espagne. (1) Ainsi, les mariages des princes font dans l'Europe le destin des peuples.

Les guerres des souverains à l'égard des couronnes héréditaires et électives naissent ordinairement de l'obscurité du droit public, comme les différends des particuliers à l'égard des successions domestiques naissent de l'obscurité du droit civil. En 872 on était en doute dans l'Europe si *Alfred* succéderait à son frère *Éthelred I*er., qui ne lui laissa qu'un droit contesté sur l'Angleterre partagée en souverainetés, dont plusieurs étaient possédées

_____

(1) Ce fut un des principaux articles du traité des Pyrénées. Voyez *l'Encyclop. méthod.*, *Économie*, au mot *Traité*, tom. 4.

par les Danois. En 1332 l'Europe, en sus-
pens, ne savait si *Edouard III,* roi d'Angleterre, aurait le royaume d'Ecosse par les
droits du sang ou par ceux des armes. Cela
venait de ce qu'il n'y avait alors ni droit de
naissance, ni droit d'élection reconnus. Il
importe donc de baser les droits des successions royales dans les monarchies héréditaires comme dans les monarchies électives sur des principes clairs et invariables,
pour ne laisser aucune équivoque ni aucun
arbitraire : on se dispute tout parce qu'il n'y
a rien de réglé.

Pour remonter à un tems plus reculé,
sous le règne de *Gallien,* la grandeur romaine s'éclipsa par les irruptions des barbares ; et comme il n'y avait plus que trouble
et que désordre dans la succession à l'empire,
on vit paraître jusqu'à trente prétendans
divers, qui s'entre-détruisirent pour régner :
alors les droits légitimes et les droits usurpés
ne se soutenant que par des distributions
d'argent faites aux soldats, les princes, pour
s'en procurer, confisquaient sans aucun motif
les biens des plus riches citoyens; aussi jamais
l'empire romain ne fut si faible, parce qu'il
était en proie à des guerres intestines qui

furent sur le point de le détruire de fond
en comble.

Lorsque dans un état monarchique il n'y
a pas de lois fondamentales pour régler d'une
manière fixe la succession royale, chaque
prince du sang, ayant également le droit de
monter sur le trône, fait tous ses efforts pour
y parvenir; les intrigues, les ruses, les artifices
règnent dans le palais; les frères s'arment les
uns contre les autres; chacun cherche à se
faire un parti formidable au-dedans et au-
dehors de l'état; on voit en même tems s'allumer la guerre civile et la guerre étrangère,
parce que les puissances voisines, divisées entre
elles suivant la politique de leurs cabinets,
épousent diversement la querelle des uns et
des autres prétendans. Aux approches de la
mort de *Charles II*, roi d'Espagne, toute
l'Europe était incertaine si ce serait la maison
de France ou celle d'Autriche qui recevrait
la couronne, parce que l'une et l'autre pouvaient y prétendre par droit de parenté;
mais après bien des conjectures de la part
des puissances étrangères, après bien des
craintes de la part de leurs alliés respectifs,
après bien des variations de la part du roi
mourant, qui, sur les sollicitations les plus

vives qu'on lui faisait de part et d'autre, avait changé plusieurs fois ses dispositions testamentaires, le duc d'*Anjou*, petit-fils de *Louis XIV*, fut enfin déclaré roi d'Espagne par les dernières volontés de *Charles II*; et cela fut l'origine de cette fameuse ligue que les puissances formèrent à la Haye contre le gouvernement français et le gouvernement espagnol.

Si l'on avait des lois précises sur les successions royales, on ne verrait pas dans le monde tant de trônes ensanglantés; les enfans ne s'armeraient pas contre les pères, ni les frères contre les sœurs; l'ordre constant qui s'observerait dans les familles à l'égard de ceux qui auraient droit à la couronne ôterait à chaque injuste prétendant jusqu'à l'idée de la révolte et de l'assassinat : il n'arriverait plus alors ce qui est arrivé en 841 aux enfans de *Louis-le-Débonnaire*, qui, pour se disputer le sceptre, levèrent des troupes, et se livrèrent une bataille à Fontenay dans l'Auxerrois, où il périt cent mille hommes : (1) il n'arriverait plus ce qui

(1) C'étaient d'un côté *Charles-le-Chauve*, roi de France, et *Louis*, roi de Bavière; et de l'autre

est arrivé aux successeurs d'*Alexandre* et
de *Tamerlan*, qui se firent la guerre pour
le partage de leurs états : ni ce qui est arrivé
en 1036 à ce *Ferdinand* qui ôta le royaume
de Léon et la vie à son beau-frère, et la
Navarre et la vie encore à son propre frère :
ni ce qui est arrivé en 1283 à dom *Sanche*,
qui, voulant être gouverneur de Castille,
même avant la mort de son père *Alphonse*,
à l'exclusion des enfans d'un autre lit, se fit
déférer la couronne par une assemblée de
factieux. Ces attentats sont autant de preuves
qu'en Europe il n'y avait point de lois, et que
presque tout s'y décidait par là voie de la
force, suivant le caprice des hommes : or, une
telle confusion du droit public cause mille
révolutions dans les empires, et rend les trônes
aussi chancelans que les droits successifs sont
arbitraires : c'est parce qu'il n'y a pas de
lois claires et précises que les deux partis
prennent les armes; l'un par la crainte
qu'il a de voir passer le sceptre dans des
mains étrangères, et l'autre par l'espérance
qu'il a de s'en emparer.

Lothaire, empereur, et le fils de *Pépin*, roi d'Ac-
quitaine, leur neveu, tous issus du sang royal.

Les trois époques principales de la vie semblent donc marquées pour la destruction des
peuples : la naissance, qui donnait la couronne
d'Espagne à *Philippe V*, petit - fils de
Louis XIV, fut la cause de la guerre que
les Espagnols et les Français soutinrent pendant tant d'années contre les Anglais, les
Autrichiens et les Hollandais, qui voulaient
mettre sur le trône l'archiduc *Charles*, second fils de l'empereur *Léopold*. Le mariage
de l'héritière de Bourgogne, *Marie*, avec
Maximilien, fils de l'empereur *Frédéric III,*
fut encore la source de toutes les guerres qui
mirent pendant si long-tems la France aux
prises avec l'Allemagne. La mort de *Frédéric-*
Auguste, roi de Pologne, replongea l'Europe
dans les dissentions et dans les malheurs.
Ainsi, la naissance, les mariages et la mort des
princes sont les sources ordinaires des guerres
étrangères. La mort, quoi! cet acte de dissolution du corps humain, cet état négatif de
toutes les actions, de toutes les misères, devient donc encore le principe vivant des
malheurs publics !!! O contraste étonnant! ô
calamité inexplicable! du repos éternel de
l'homme naît la désolation du monde.

Pour rendre surtout les lois du droit public obligatoires envers tous les gouvernemens il faut qu'elles soient non-seulement fixes, mais encore égales, uniformes et impartiales. Cela fera disparaître ces variations continuelles qui, dans le cours des hostilités, font changer, au mépris de toutes les lois de la nature et du droit des gens même, un grand mal pour un plus grand, une horrible cruauté pour une plus horrible, la captivité pour la mort; politique barbare qui veut détruire les hommes lors même qu'elle n'en a plus rien à craindre. Quand, par exemple, *Ali*, amiral des Turcs, fut pris avec la capitane ottomane par *Veniero*, amiral vénitien, et qu'on lui fit trancher la tête, qu'on attacha au haut de son propre mât, ce fut une violation horrible du droit des gens, puisqu'après avoir fait périr ce général des troupes navales on voulut encore outrager sa nation par un trophée sanglant et ignominieux : mais on exerça cet acte de vengeance contre la Turquie, parce qu'en 1571 *Mustapha*, au désespoir d'avoir perdu quatre-vingt mille hommes au siège de Famagouste, (ville très-bien fortifiée de

l'île de Chypre) avait fait écorcher vif, contre
sa parole, le brave *Brigadin*, qui l'avait dé-
fendue pendant dix mois. Ainsi, un meurtre vengea un autre meurtre, d'autant plus
odieux que l'atrocité se trouvait jointe à la
violation de la foi jurée. En 1534 *Jean
de Leyde*, anabaptiste, s'étant emparé de
Munster, en chassa l'évêque et les magistrats : mais *François de Waldeck*, l'ayant
reprise après quatorze mois de siège, fit
tenailler *Jean de Leyde*, et rentra dans son
évêché. Dans l'avant - dernière guerre les
habitans de Vérone ont massacré impitoya-
blement les troupes françaises qui étaient en
garnison dans cette ville, et les malades même
qui étaient dans l'hospice militaire : mais
le gouvernement français, par représailles, a
tiré raison de cet attentat commis contre le
droit des gens. (1)

_____

(1) Dernièrement des habitans du village de Wezdorf
dans l'électorat de Saxe, s'étant permis de massacrer
des Français passant sur leur territoire, et de piller un
transport, ont été à l'instant punis de mort. De tels
exemples servent à contenir tous ceux qui auraient
envie de commettre des actions aussi contraires au
droit des gens.

Il arrive quelquefois que l'on exige d'une puissance la réparation d'un tort qu'elle n'a pas fait : en 1645, sous le règne d'*Ibrahim*, la Porte-Ottomane, ne pouvant se venger sur Malte, fit tomber sa colère sur Venise, et lui enleva presque toute l'île de Candie, sous le prétexte qu'elle avait, malgré le traité de paix, reçu dans son port la prise faite par les galères de Malte : on peut dire que c'est là une interprétation bien arbitraire du droit des gens, puisque le traité de paix invoqué par la cour de Constantinople, commun à l'une et à l'autre puissances, était précisément ce qui permettait à Venise d'agir comme elle avait fait à l'égard de Malte. La vengeance, au contraire, que *Louis XV*, de concert avec les cours d'Espagne et de Sardaigne, exerça en 1756 sur l'empereur *Charles VI*, pour réparer l'outrage que les Russes avaient fait à l'ambassadeur de France à Dantzick, par rapport à l'élection de *Stanislas*, fut une vengeance très-légitime, parce que l'Autriche avait été la cause de cet outrage.

Si dans le droit des gens il est des actes de vengeance licites, il en est aussi d'illicites :

3. 8

c'est du droit rigide qu'il s'agit ; il faut que la peine tombe sur le coupable : ce serait une injustice atroce qu'elle frappât l'innocent. Une puissance a le droit de sévir contre une autre toutes les fois qu'elle en a reçu directement ou indirectement des outrages ; (1) mais comme le droit des gens n'a pas une règle certaine, parce que la loi qui le fonde n'est ni assez précise, ni assez claire, chaque prince en fait une application arbitraire, et mesure la punition, ou pour mieux dire sa vengeance, plutôt sur le transport de sa co-

---

(2) « En général le fondement ou la cause de toute guerre juste est l'injure ou déjà faite, ou dont on se voit menacé : or, pour savoir ce que l'on doit regarder comme une injure il faut bien connaître les droits proprement dits d'une nation. Tout le droit de la nation, et par conséquent du souverain, a rapport au bien-être de l'état, et doit se mesurer sur cette règle. Jusqu'ici on n'a pas encore vu de peuple qui ait suivi cette règle à la rigueur, et on peut dire qu'on n'en verra jamais. Les convenances, l'orgueil blessé, de mauvaises raisons qu'on fait valoir avec art, déterminent la guerre au moindre prétexte ; et telle est notre faible nature, que les succès font disparaître l'injustice des motifs du côté des vainqueurs. » *Encyclop. méthod., Economie*, tom. 2, au mot *Guerre*.

lère que sur la grandeur de l'offense : (1) il suit de là que ce qui lui paraît souvent un crime n'est pas une faute, parce qu'il ne considère pas la chose avec cette mûre réflexion, et surtout avec cette tranquillité d'esprit qu'exige un cas si grave.

Les puissances belligérantes usent de représailles jusque dans leurs négociations : elles y parlent tour à tour avec un ton impératif; elles y font éclater des ressentimens de vengeance lorsqu'il ne faudrait qu'y porter des paroles de paix. Ce qui se passa après l'ouverture de la succession d'Espagne par la mort de *Charles II*, arrivée en 1700, en est une preuve bien frappante. Le président *Rouillé*, envoyé de *Louis XIV* aux états - généraux de Hollande en 1709 pour traiter avec les puissances liguées contre lui, (c'étaient l'Angleterre, l'Autriche, la Hollande et la Savoie) trouva dans Anvers deux magistrats d'Amsterdam, *Buis* et *Vanderdussen*, qui lui parlèrent sur le même ton dont le roi de France leur avait parlé en 1672 :

---

(1) *Possunt sanè , possunt etiam qui se vindicant injusti esse si modum excedant; nam qui in puniendo progreditur ad id quod iniquum est, secundùm est injuriæ auctor.* Aristid., *Hentrica prima.*

ils feignirent de négocier avec lui dans un village que les généraux français avaient autrefois saccagé; et après l'avoir joué quelque tems ils lui déclarèrent qu'il fallait que le petit-fils de *Louis XIV* descendît du trône d'Espagne sans aucun dédommagement, ou que le sort des armes ferait des traités. (1) C'est ainsi que le droit des gens s'observe entre les puissances européennes; cette loi qui renferme toutes les obligations respectives des peuples et des rois.

Qu'est-ce que le droit des gens? A le définir par le fait c'est la loi du plus fort. N'est-ce pas en vertu de ce droit que les petites puissances sont obligées d'observer les lois à l'égard des grandes, qui les enfreignent avec impunité? Le droit des gens est donc inviolable pour les unes, et arbitraire pour les autres; mais puisque ce droit est réciproque pour toutes les nations, en obligeant les unes sans obliger les autres, il devient illégitime et nul; et sitôt que les parties lésées peuvent secouer le joug, elles sont en droit de le faire pour rentrer dans leur état primitif. On doit donc refondre le code du droit des gens

(1) Voyez l'Essai sur l'Hist. gén., tom. 8, ch. 184.

parce qu'il n'est qu'un vain formulaire ; et en lui donnant pour base les principes immuables de la justice on le placera sous la garantie commune des états, et sous la protection spéciale du gouvernement politique.

Tous les peuples ont un droit des gens par cela qu'ils sont peuples : il y en a un chez les Tartares, qui passent leurs captifs au fil de l'épée ; chez les Giagues, qui mangent leurs prisonniers ; chez les Iroquois, qui dévorent leurs ennemis ; chez les Turcs, qui les rendent esclaves : mais malheureusement il n'est pas fondé sur des principes équitables ; ce droit des gens ne porte que l'empreinte de la barbarie. Les Macédoniens, au contraire, en vertu de ce droit, s'associaient les peuples conquis. Les Romains, tant qu'ils n'eurent pas achevé leur plan de conquêtes, incorporèrent dans leurs troupes les peuples vaillans qu'ils avaient vaincus, et toujours ils leur laissèrent leurs dieux et leurs lois. Les Français, et presque tous les peuples européens, traitent aujourd'hui avec humanité leurs ennemis pris les armes à la main, parce qu'ils savent qu'après la victoire le conquérant n'a plus le droit de tuer ni même d'asservir, mais seulement de s'assurer des vaincus ; et s'ils font des prisonniers, c'est pour les contre-échanger quand il y en a de part et d'autre un nombre considérable; (1) pratique admirable qui dans le feu de la guerre conserve la vie des hommes pour les faire revenir au service de leur patrie. Un pareil droit des gens est conforme au droit naturel, et indique la sagesse des nations qui l'ont adopté; mais si le captif devait toujours porter ses fers, le vainqueur poursuivrait sa vengeance après la réparation du tort, et les horreurs de la guerre se prolongeraient encore dans la paix. Or, si ce que *Polybe* a dit est vrai, que *Paul Emile*, après sa victoire, détruisit soixante-dix villes de l'Epire, et emmena avec lui cent cinquante mille esclaves, qui périrent dans les fers, ce fut là une violation bien horrible du droit des gens.

C'est l'empire de la force qui fait les esclaves; c'est la barbarie qui les retient dans les chaînes : quel droit pourrait justifier une

(1) Les peuples, dans l'état de civilisation où ils se trouvent maintenant, sentent l'avantage qu'ils ont de mettre des bornes aux fureurs de la guerre; c'est pour cela qu'ils tâchent d'adoucir autant qu'ils peuvent les maux qui en sont inséparables.

telle violence ? serait-ce le droit de la guerre ?
Jusques à quand consacrera-t-on l'esclavage
par le droit qu'on suppose au vainqueur d'é-
gorger ses captifs ! (1) Chez les Antropophages
on dévore les prisonniers de guerre dans
des festins publics : il est certain que l'au-

---

(1) Il est des publicistes qui ont outré les droits de la
guerre : *Locke*, par exemple, dit dans son traité du
Gouvernement civil, chap. 14, que le vainqueur ac-
quiert un pouvoir despotique sur les vaincus; qu'il peut
justement les mettre à mort, et disposer absolument
et comme il lui plait de ceux qui, s'étant mis dans
l'état de guerre, ont perdu le droit propre qu'ils avaient
sur leurs personnes : il suppose par-là que tous ont pris
une part directe à la guerre. *Cicéron* même paraît
pousser fort loin ces mêmes droits lorsqu'il dit que
l'on peut dépouiller de son bien une personne à qui l'on
peut ôter la vie avec justice; ce qui peut être permis
seulement dans l'action du combat.

«Je ne connais qu'un cas, dit un encyclopédiste, où une
espèce d'esclavage serait permise; ce serait envers des
peuples qui, toujours armés contre tous, ne cherche-
raient qu'à nuire, à piller et à égorger : tels furent les
Normands sous les successeurs de *Charlemagne*; tels
ont été les Flibustiers au commencement du siècle; tels
sont les corsaires barbaresques; tels sont encore les vo-
leurs. On a droit de les enchaîner, parce qu'ils sont dans
un état de guerre continuelle; on doit détruire de tels
peuples, les disperser, les réduire en captivité, enfin

torité d'un peuple qui mange les hommes doit être d'un grand poids pour ceux qui les oppriment; mais je ne vois rien de plus atroce ni de plus lâche que de massacrer un ennemi désarmé. J'avoue que dans l'état de guerre une nation peut poursuivre à outrance la nation ennemie jusqu'à la réparation du tort qu'elle a souffert; mais après qu'on a mis bas les armes les horreurs de la guerre doivent finir; le meurtre des prisonniers serait alors une barbarie qui révolterait tous les peuples civilisés. (1) « Il est faux, dit *Montesquieu*, (2) qu'il soit permis de tuer dans la guerre autrement que dans le cas de nécessité; mais dès qu'un homme en a fait un autre esclave on ne peut pas dire qu'il ait été dans la nécessité de le tuer, puisqu'il ne l'a pas fait. Tout le droit que la guerre peut donner sur les captifs est de s'assurer tellement de leur personne, qu'ils ne puissent

leur ôter les moyens de continuer leurs attentats. On ne peut leur ôter la vie lorsqu'on a une force suffisante pour les contenir autrement. » *Encyclop. méthod.*, *Logique*, tom. 3, art. *Droit d'esclavage.*

(1) *Crudeles qui puniendi causam habent, modum non habent.* Sénèq., *de Clementiâ*, cap. 4.

(2) Esprit des Lois, liv. 15, chap. 2.

plus nuire. Les homicides faits de sang-
froid par les soldats, et après la chaleur de
l'action, sont rejetés de toutes les nations
du monde. »

Ces principes sont exactement conformes
à la loi naturelle, qui veut que l'on considère
si tels ou tels actes d'hostilité s'accordent avec
l'humanité, même avec la générosité qui
convient à des nations policées; car il faut
toujours tempérer les maux que l'on fait à
un ennemi, surtout à un ennemi qui ne peut
plus nuire, (1) et agir alors violemment contre
lui c'est une atrocité. Ainsi, dans le combat

---

(1) Excepté quelques circonstances particulières il
est reçu qu'on ne peut faire mourir les prisonniers sans
se rendre coupable de cruauté : lorsque l'ennemi est
hors de combat on n'a plus le droit de le tuer. Voici ce
que dit un encyclopédiste : « Le droit de la guerre
donne-t-il celui de vie et de mort? Il n'est pas douteux
que dans la chaleur du combat, où chacun emploie toute
sa force, et cherche à porter les coups les plus sûrs à son
adversaire, il y en aura beaucoup de tués; mais la
supériorité étant décidée, le vaincu rendant les armes,
le vainqueur cesse d'avoir le droit de leur donner la
mort. L'homicide pour lors est un meurtre, un crime;
il n'a que le droit de les faire prisonniers pour les empêcher de pouvoir porter des secours à leurs compatriotes jusqu'à ce que la paix soit faite; pour lors ils

naval qui se livra en 1583 sur l'océan Atlantique, *Santa Crux*, général de la flotte espagnole, supérieur par la quantité de vaisseaux et par le nombre de troupes, exerça le plus grand acte de barbarie quand il fit mourir par la main du bourreau presque tous les prisonniers français, les traitant comme des ennemis, mais des ennemis mortels, par cela seul que *Henri III* essayait de rétablir *dom Antoine* sur le trône de Portugal. Ainsi, en 1389 l'empereur *Sigismond*, commandant les troupes françaises contre les Turcs dans la Hongrie, se rendit coupable d'une horrible cruauté lorsqu'il fit périr tous les prisonniers qu'il avait faits dans une bataille, parce que les ennemis s'étaient bien défendus. Ainsi, en 772 *Charlemagne*, ce conquérant fameux, viola toutes les lois de la guerre quand il fit massacrer 4,500 prisonniers Saxons au bord de la rivière d'Alre, par cela seul qu'ils avaient laissé retourner en Danemarck *Vitikind*, ce général qui à la tête d'une troupe de Germains avait

---

seront relâchés, et retourneront dans leur patrie. »
Encyclop. méthod., *Logique*, tom. 3, art. *Droit de la guerre*.

battu près du Rhin l'armée des Francs. Ainsi,
en 1713 le grand visir *Ali*, favori du sultan
Achmet III, ayant été blessé à mort dans
la bataille qui se livra près de Pétervaradin
entre les Autrichiens et les Turcs, commit
une atrocité bien révoltante lorsqu'avant
d'expirer il fit égorger le général *Breuner*,
qu'il avait fait prisonnier. Ce dernier exemple d'une vaine cruauté fait voir jusqu'à quel
point les hommes sont portés à la vengeance;
mais couvrons ces horreurs par le trait d'un
guerrier musulman qui honore la nature humaine : en 1187 le grand *Saladin*, de nation
persane, entre victorieux dans Jérusalem,
traite avec humanité le roi *Lusignan*, devenu
captif ainsi que la reine son épouse, et livre
sans rançons aux femmes éplorées leurs pères,
leurs maris et leurs enfans qui étaient dans
les fers. (1) A ce trait joignons celui de *César*,
qui, après avoir défait *Pompée* à la bataille
de Pharsale, pardonne aux Athéniens d'avoir
pris les armes pour son rival. Ces deux actes
sont d'autant plus glorieux qu'on n'en trouve
guère de comparable dans l'histoire.

---

(1) Voyez pour ces faits l'Essai sur l'Hist. gén.

Ordinairement les hommes pusillanimes
sont les plus sanguinaires; comme ils n'ont
qu'une ame basse, ils sont étrangers à ces traits
de générosité qui caractérisent les grands
guerriers. L'empereur *Auguste*, en exerçant
les plus horribles cruautés envers les prisonniers que les Romains firent à la bataille de
Philippe, à laquelle il n'eut pas le courage de
paraître, fit voir que la lâcheté accompagne
toujours la barbarie. Le tyran *Caligula*, ayant
marché avec deux cent mille hommes contre
les Germains, s'en retourna tout à coup sur
ses pas avec la même frayeur que s'il eût été
battu.

Si parmi les hommes qui vivent en société
il n'est rien de plus sacré que le droit des
gens, parce qu'il renferme toutes les obligations qui dérivent de leurs rapports civils et
politiques, il n'est pas aussi de plus grand sacrilège que celui de sa violation; mais comme
les crimes du même genre ont différens degrés de grandeur, la plus énorme infraction
qu'on puisse commettre contre cette loi universelle est le meurtre des ambassadeurs des
puissances; c'est outrager tout un peuple dans
la personne de son représentant : aussi les
plus féroces conquérans qui aient dévasté le

monde ont-ils puni un tel acte de perfidie.
Gengiskan, ce chef des Tartares, réduisit
en cendres la ville de Bocara en Asie pour
venger la mort de ses ambassadeurs, assas-
sinés par ordre du sultan *Mohammed* avant
cette guerre. *Louis XIV*, pour tirer raison
de l'outrage que son ambassadeur, le duc de
Créqui, avait reçu dans Rome en 1662 par le
meurtre qui se commit sur un de ses pages,
à l'instigation de *dom Mariochigi*, frère du
pape *Alexandre VII*, s'empara du comtat
d'Avignon; et outre les réparations d'honneur que la cour de Rome lui fit, elle fut
encore obligée de rendre aux princes d'Italie
tout ce qu'elle leur avait enlevé. (1) Et si l'on
peut citer un exemple des premiers âges du
monde, *David*, roi de Judée, ayant marché
avec toutes ses forces contre les Ammonites,
lava dans le sang de plus de soixante mille
hommes l'outrage fait aux ambassadeurs qu'il
avait envoyés à *Amnon*, leur roi, pour l'assurer de son amitié. (2)

_____

(1) Voyez l'Essai sur l'Hist. gén.

(2) *Amnon*, ayant été persuadé par les principaux de
sa cour que ces ambassadeurs étaient des espions envoyés pour examiner les endroits faibles de son royaume

Les ambassadeurs sont les messagers ordinaires de la paix ; leur sûreté est donc nécessaire pour que les princes et les états puissent
communiquer entr'eux : or, pour faire voir
combien leur caractère a toujours été sacré,
nous citerons l'exemple de *Scipion* qui ren-
voya sains et saufs des ambassadeurs de
Carthage qu'il avait en son pouvoir, quoique
les Carthaginois eussent violé le droit des
gens envers ceux de Rome, étant néanmoins
résolu de venger cet attentat sur la nation qui
s'en était rendue coupable. (1) C'est en vertu
de ces mêmes principes que les consuls
romains, suivant le rapport de *Valère-*
Maxime, (2) répondirent à l'ambassadeur
Hannon qu'il n'avait rien à craindre de leur
république, quoique les Carthaginois eussent
mis dans les fers *Cornélius Asina* contre
le droit des gens. En Arabie, à la Chine,

dans le dessein de s'en emparer, leur fit raser la moitié
de la barbe, et déchirer par derrière leurs habits. *Bible,*
Rois 10.

(1) Tite-Live , liv. 30 , ch. 25.

(2) Liv. 6 , ch. 6.

aux Indes, au Mexique et chez les Sauvages
même de l'Amérique septentrionale les ambassadeurs sont respectés. Si les Turcs n'ont
pas toujours eu pour eux le respect dû à
leur caractère, il faut en imputer le tort
à quelques princes barbares plutôt qu'à la
nation. Le crime commis sur la personne d'un
ambassadeur est par le droit des gens de même
poids que celui que l'on commettrait sur la
personne du prince, et même sur le corps de
la nation de chez laquelle il est parti; car en
analysant la chose, c'est à dire en remontant
du substitut au substituant, et de l'institué à
l'instituteur, on trouve que l'ambassadeur représente le prince, et que le prince représente
le peuple. Si le droit des gens, qui doit régler
la conduite des souverains à l'égard des états,
pouvait parler, il ne s'expliquerait pas autrement.

Il ne faut pourtant pas croire, d'après ce que
nous venons de dire, que les ambassadeurs
aient le droit de manquer aux règles de bien-
séance qu'ils doivent garder dans les cours
monarchiques : si leur personne est sacrée,
ils ont aussi des devoirs importans à remplir à
l'égard des souverains étrangers; il faut qu'ils
fassent respecter les princes qu'ils repré-

sentent, en respectant ceux auprès desquels ils sont envoyés. Comme leurs fonctions sont très-honorables, ils doivent s'en rendre dignes par leur bonne conduite; il faut qu'ils gardent la hauteur qui convient à leur caractère, sans affecter de l'orgueil. La vraie politesse, c'est à dire la franchise plus que l'enjouement, doit être observée avec rigueur dans une commission qui repose essentiellement sur l'honnêteté.

Quand un ambassadeur contrevient à ces principes le souverain auprès duquel il réside peut demander son changement; mais il n'a pas le pouvoir de juger le délégué d'un prince, qui ne doit pas souffrir de cette inconduite, parce qu'il ne peut pas en être réputé complice : d'ailleurs il ne peut pas le juger par les lois civiles et politiques, comme faisaient arbitrairement les Romains, parce qu'il n'en est point de commune aux princes; mais il peut obtenir son rappel en vertu du droit des gens : or, comme il y a une corrélation de souverain à souverain par l'entremise de leurs ambassadeurs respectifs, quoique d'un côté il n'y ait que la représentation, tandis que de l'autre il y a la réalité, ce qui revient au même, attendu qu'elles ont toutes deux le même effet, ayant originairement la même cause, cet ambassadeur doit rester libre tant qu'il n'est pas rappelé et remplacé, parce que sa présence est continuellement nécessaire dans la cour pour observer les démarches du gouvernement; car dès le moment qu'il serait arrêté il n'y aurait plus de représentation ni de garantie pour son prince.

A présent il est question de savoir si l'on pourra réunir sous le même droit des gens tous les peuples européens qui diffèrent de mœurs, de coutumes, de religion, de langage et de caractère; car les uns sont plus dociles, les autres sont plus intraitables : ceux-ci sont courageux et vigilans, tandis que ceux-là sont pusillanimes et paresseux; les Espagnols sont catholiques, tandis que les Turcs sont mahométans; et si à cause de leurs différences caractéristiques et religieuses on n'a pu leur donner les mêmes lois civiles, comment sera-t-il possible de leur donner les même lois politiques?

Pour résoudre cette question il faut distinguer les rapports qu'il y a d'homme à homme d'avec les rapports qu'il y a de nation à nation ; les premiers naissent de la nature, et les secondes naissent de la société : or, si

3.

l'on considère que les lois qui dérivent des rapports humains entre les habitans d'un état sont intérieures, et que celles qui dérivent des rapports politiques entre les peuples de l'Europe sont extérieures, on découvre que les différences qui se trouvent entre les peuples, à raison de la diversité des climats et des caractères nationaux, ne peuvent pas empêcher leur réunion sous les mêmes lois du droit des gens, puisqu'il est nécessaire que ces différences existent pour l'intérêt et la convenance de chacun d'eux, attendu qu'elles dérivent de la nature.

En effet, la variété des goûts, la diversité des langues, la différence des climats, les bras de mer, les chaînes de montagnes, le cours des rivières qui divisent la terre en différentes régions, ont fait que les hommes se sont réunis çà et là en diverses sociétés civiles, qu'ils ont constituées suivant la forme de gouvernement qu'ils ont cru la plus convenable à leurs penchans : il peut se faire encore que dans chaque contrée des intrigans ou des hommes de génie se soient emparé de l'esprit de la multitude, et qu'ils aient donné au peuple des lois conformes à ses inclinations et à son caractère ; c'est ainsi que les divers sectateurs sont parvenus à répandre leurs doctrines parmi les hommes qui ont embrassé celles qui flattaient le plus leur esprit et leur goût.

S'il était possible que tous les habitans de l'Europe fussent réunis sous un même gouvernement civil, et ne formassent qu'un seul peuple, pour lors les rapports qui dériveraient de leur union seraient immenses ; mais il faudrait des lois civiles trop étendues et trop compliquées, qui ne pourraient jamais s'observer exactement, à moins qu'un Dieu ne vînt prendre les rênes du gouvernement. Ces lois d'ailleurs seraient contradictoires, parce que les caractères humains changent sous les différens climats. Le droit des gens, au contraire, n'est qu'un simple rapport d'union extérieure établi entre les divers peuples comme entre les divers gouvernemens. Il est vrai que s'il ne s'était formé qu'un seul peuple dans l'Europe il n'y aurait point eu de guerre étrangère, ni de droit de gens; mais le nombre des rapports de citoyen à citoyen se serait augmenté, et il y aurait eu plus de lois civiles et plus de séditions populaires : ce n'aurait plus été une de ces guerres qui laissent reposer une partie des habitans de la terre, tandis qu'elles désolent l'autre partie; c'eût été une guerre continuelle entre les hommes de l'univers, qui se seraient détruits de toute part.

Tous les habitans de l'Europe, n'ayant pu se réunir sous le même droit civil, se sont divisés en différens peuples, qui se sont rassemblés sous le même droit des gens : par le moyen de cette séparation civile ils ont fait ce qu'ils n'avaient pu faire en premier lieu, de se réunir sous une même loi. Il est vrai que cette loi, qui dérive des relations nationales, est moins immédiate à l'égard de chaque individu que celle qui dérive des relations civiles, parce qu'elle ne réunit qu'extérieurement tous les habitans de l'Europe en tant qu'ils forment différens peuples.

Lorsque les hommes de la même contrée sont unis strictement dans une société particulière, ils le seraient également dans une société générale qui embrasserait tous les habitans de l'Europe si cela pouvait avoir lieu; mais faut-il que l'impossibilité physique et morale de réunion aux mêmes principes et au même gouvernement civil détruise un rapport d'union naturelle qui doit les rapprocher sous un même gouvernement politique qui leur sera utile à tous par l'établissement de la paix générale et la multiplicité des moyens respectifs? Non : d'ailleurs l'impossibilité qu'il y a d'établir une seule société civile dans l'Europe venant de la nature, un peuple ne doit pas être ennemi d'un autre peuple, parce qu'ils ne sont pas unis civilement quand ils ne peuvent être unis que politiquement. (1)

(1) Si toutefois l'Europe était divisée en quatre parties égales elle formerait quatre empires, qui auraient chacun environ deux cent soixante-quinze lieues de longueur et deux cent vingt-cinq lieues de largeur, faisant deux cent cinquante lieues de diamètre carré. Ces quatre états, gouvernés chacun par un souverain éclairé, auraient leur point de réunion ou de contact au centre de l'Europe, et formeraient par leur quadrature un équilibre de force et de puissance. Par ce moyen il serait plus facile d'établir et le pouvoir *extrinsèque* du gouvernement politique, à raison de ce qu'il n'y aurait plus que quatre souverains, et les trois pouvoirs *intrinsèques*, à raison de ce que ces quatre états seraient égaux; car l'égalité de ces quatre dominations s'accorderait bien avec l'égalité du nombre de leurs députés et de leurs troupes.

Il ne faut pas croire que l'Europe, divisée en quatre grands états, fût par-là à l'abri des guerres étrangères; car plus grande est la puissance, plus grande aussi est la crainte qu'on a de la perdre, et l'envie qu'on

Dans un vaste pays comme l'Europe le caractère des hommes peut se diversifier de tant de manières; il peut y avoir tant de contrastes dans les mœurs et dans les principes, qu'il serait impossible de régler par un même code de droit civil ce qui pourrait être utile

a de l'augmenter; et quand la guerre s'allume entre plusieurs états de grandeur inégale elle pourrait bien mieux s'allumer entre quatre états de grandeur égale. L'autorité dans l'ordre civil comme dans l'ordre politique ne veut point être partagée; c'est pourquoi la monarchie est le meilleur des gouvernemens, parce qu'il est le plus tranquille. Dès que deux souverains peuvent se comparer ils deviennent jaloux et rivaux l'un de l'autre.

Au reste, s'il se forme des ligues entre plusieurs puissances séparées pour composer une plus grande masse de forces, dans le dessein de se détruire les unes les autres, combien il serait plus facile à un empire qui aurait par lui seul cette force imposante de se porter contre un autre empire pour le subjuguer! Alors les guerres seraient beaucoup plus meurtrières, parce qu'elles auraient lieu entre des peuples beaucoup plus nombreux.

Ainsi, la division de l'Europe en quatre empires ne suffirait pas pour établir solidement la paix; car ces quatre états, malgré leur grande étendue, se trouvant civilement séparés, chaque souverain voudrait s'étendre encore sur les terres de ses voisins: il faut donc

aux uns et aux autres : il faut que les lois
s'adaptent à l'esprit de chaque peuple; car
quoique la nature ait donné aux hommes les
mêmes idées de justice, les mêmes notions de
morale, la manière qu'ils ont de les envisager est différente chez eux. Il faut donc
qu'il existe divers états, afin qu'on puisse
leur donner à chacun en particulier des lois
civiles telles qu'elles puissent rendre heureux
les habitans, et à tous en général un droit des
gens tel qu'il puisse établir la sûreté de chaque peuple, parce que les rapports généraux
des hommes des diverses contrées ne doivent
pas être confondus avec les rapports particuliers qui résultent de leur constitution civile. (1) Or, dans l'institution que nous

---

les réunir politiquement sous la protection d'une force
générale, en les conservant tels qu'ils sont.

J'ai fait ces réflexions pour faire voir que le plan de
la division de l'Europe en quatre parties ne serait pas
incompatible avec l'institution du gouvernement politique. A Dieu ne plaise pourtant que je veuille déranger l'ordre établi! je cherche au contraire à garantir les puissances les unes des autres.

(1) Comme citoyens les hommes sont membres d'une
même société particulière, et comme hommes ils peuvent devenir membres d'une même société générale.

formons, cette distinction se trouve observée, puisque les hommes ne deviennent pas membres d'un même état civil, mais parties d'un même état politique qui réunit tous les peuples.

Un état doit être considéré sous deux points de vue relativement aux autres états et relativement à lui-même : sous le premier rapport il est gouverné par le droit des gens, et sous le second rapport il se gouverne par le droit civil : or, chaque empire a dans son sein toute l'autorité civile, parce qu'il a le droit de former comme il veut les lois de son régime intérieur ; mais aucun empire n'a au-dehors la puissance politique de composer seul les lois du droit des gens, parce qu'elles lui sont communes avec les autres empires qui doivent également concourir à leur formation ; car il faut observer que le droit des gens est l'accord de toutes les volontés nationales réunies en une seule vo-

---

Il faut bien distinguer ici l'état civil de l'état politique des hommes ; on doit les considérer non comme parties d'une association particulière, mais comme parties d'une association générale ; ce qui étend davantage les rapports de l'humanité.

lonté, en tant qu'elles sont censées justes et légitimes à l'égard de chaque état.

Chaque peuple ne peut donc faire exclusivement des lois que pour lui-même : lorsqu'il s'agit de faire une loi politique qui regarde plusieurs peuples il faut leur consentement mutuel, comme il faut le consentement des citoyens d'un état lorsqu'il s'agit de faire une loi civile. Chacun d'eux concourt à former la loi ; mais aucun ne peut la dicter ; car il empiéterait sur le droit des autres, et violerait la condition de l'égalité. Quand plusieurs peuples passent une convention ils ne la soumettent pas à l'autorité des lois civiles, parce qu'il n'y en a point qui leur soient communes ; ils la soumettent à l'autorité du droit des gens, qui s'est établi par le concours général. (1) Alors, si l'un viole ses engagemens à l'égard de l'autre, celui qui est lésé peut appeler à son secours les autres états, et faire valoir tous ses moyens de garantie :

_____

(1) Le droit des gens comprend les principes et les lois qu'un consentement tacite ou énoncé a établis parmi les peuples pour régler leur conduite les uns à l'égard des autres ; ce droit seul indique à chacun d'eux les obligations qu'il doit remplir.

or, la loi du droit des gens, une fois établie, doit être placée sous la surveillance du pouvoir exécutif; mais de quel pouvoir exécutif? sera-ce de celui de chaque état qui la laisse violer, ou plutôt qui la viole tous les jours impunément? Non; ce sera de celui du gouvernement politique.

Dans l'état actuel des choses la puissance exécutrice de chaque état doit s'exercer au-dedans pour ce qui regarde l'observation des lois civiles et le maintien de l'ordre intérieur, et au-dehors pour ce qui concerne l'observation du droit des gens et la sûreté extérieure. Dans le premier cas elle suffit pour éteindre les séditions intestines, et déjouer les complots de la malveillance, parce qu'elle est armée d'une force générale; mais dans le second cas il arrive très-souvent qu'elle ne peut pas empêcher les invasions ennemies, ni les entreprises de l'ambition, parce qu'elle n'est investie que d'une force particulière; cela vient de ce qu'il n'y a pas une garantie commune sous laquelle chaque état puisse reposer paisiblement.

Mais comment peut-il se faire qu'un peuple qui est nombreux n'ait qu'une force particulière à l'égard du droit des gens? C'est que

chaque état, riche ou pauvre, grand ou
petit, doit également concourir à former la
loi, afin qu'elle puisse exprimer la volonté
générale. Il faut observer qu'une nation se
trouve dans le même terme d'analogie avec
une autre nation qu'un particulier avec un
autre particulier; car chaque peuple est un
être composé, qui forme, conjointement avec
les autres peuples, une force générale pour
l'observation du droit des gens; et chaque
citoyen est un être imple, qui forme, conjointement avec les autres citoyens, une force
générale pour l'observation du droit civil.

Nous avons vu que les mêmes lois civiles
ne peuvent pas convenir à tant de nations
diverses qui ont des mœurs différentes, qui
vivent sous des climats opposés, et qui ne
peuvent souffrir la même forme de gouvernement, attendu que ces lois dérivent essentiellement des rapports immédiats des
hommes associés, qui diffèrent entr'eux par
les qualités physiques et morales; c'est pourquoi il a fallu former différens peuples, afin
qu'ils vécussent sous des lois civiles différentes. Mais les mêmes lois politiques, celles
qui dépendent du droit des gens, peuvent
convenir en même tems à tous les peuples

du monde, attendu qu'elles ne regardent que les rapports externes des états : des lois politiques différentes dans le gouvernement de nation à nation seraient comme des lois civiles différentes dans le même état; elles n'engendreraient que trouble, que confusion et désordre. Voilà comme il importe de séparer civilement les peuples les uns des autres, pour les réunir politiquement dans un centre commun : pour lors ce sera un gouvernement politique composé de divers gouvernemens civils; ce sera, comme nous l'avons dit, une vraie *popularisation*.

Sans doute qu'il y a des lois pour tous les peuples, lesquelles dérivent de leurs relations externes ou politiques, comme il y a des lois pour tous les particuliers d'un état, lesquelles dérivent de leurs rapports internes ou civils : les premières ont eu jusqu'à présent moins de force pour devenir exécutoires, attendu qu'il n'y a jamais eu dans l'Europe aucun gouvernement de nation à nation bien constitué; que l'équilibre des puissances n'a été fondé qu'imparfaitement sur l'opposition de leurs forces inégales et séparées, sans aucun point central de ralliement. En effet, le droit des gens a été jusqu'ici plutôt une loi de division et de guerre pour les peuples qu'une loi de réunion et de paix ; c'a toujours été un glaive meurtrier dans les mains du plus fort contre le plus faible.

Les forces politiques se balancent militairement dans l'Europe, comme les forces civiles se balancent dans chaque état ; il y a seulement la différence que les premières, manquant d'un point central, se heurtent plus souvent : or, pour établir entr'elles un équilibre qui procure aux états européens une paix solide il faut les centraliser par le gouvernement que nous formons de peuple à peuple ; alors ce qui maintient dans un royaume un ordre de choses particulier, entretiendra dans l'Europe une paix générale, sous l'observation du droit des gens ; ce sera en quelque sorte une imitation des républiques fédératives, où toutes les parties, civilement en équilibre, ayant toujours leurs intérêts particuliers séparés, et toujours étroitement jointes par l'intérêt général, se réunissent dans un centre commun pour jouir du repos sous l'empire des lois.

On m'objectera qu'il n'est pas possible de ranger toutes les nations de l'Europe sous le même droit des gens, parce qu'elles ont

des mœurs, des coutumes, des lois civiles différentes, à raison du climat, de
la nature du terrein, de l'étendue du pays,
du caractère des habitans; mais est - ce que
le droit public de l'Europe, qui est une
chose sacrée, peut changer au gré du caprice des hommes? Parce qu'il y aura dans
les empires des *Sylla* et des *Marius*, cela
empêchera-t-il qu'un peuple ne soit peuple à
l'égard d'un autre peuple, et qu'il n'y ait entre
eux tous des obligations réciproques? Cela
pourra-t-il donner au plus fort le droit de massacrer le plus faible, et faire enfin que ce qui est
défendu par la loi naturelle devienne permis
par les lois positives? O vous qui vous piquez
d'enseigner aux hommes la vérité, dites si
dans le monde moral il y a plus d'une justice,
ou s'il y a deux balances pour la peser! dites si
dans le monde physique il existe deux soleils
pour éclairer les humains, et si dans la
nature il y a plus d'un Dieu auteur de toutes
choses pour gouverner l'univers! à moins que
vous n'adoptiez l'opinion absurde et impie
des deux principes, l'un bon et l'autre mauvais. (1)

_____

(1) C'était l'opinion des Manichéens.

Non, la différence des religions, des lois, des usages, des mœurs, des langages, des gouvernemens n'empêche pas de plier sous le même droit des gens tous les peuples de l'Europe. La plus forte preuve que l'on puisse en donner se tire de la réunion de tant de citoyens qu'il y a dans chaque état sous le même droit civil, malgré la différence des caractères, des principes, des religions et des sectes.

Ce serait encore un paradoxe de dire que le droit des gens ne peut pas être uniforme pour tous les peuples, parce qu'il y en a qui traitent humainement leurs prisonniers, et que d'autres les tuent ou les mangent; raisonnement captieux, fondé sur ce que certains peuples, au lieu d'observer les vrais principes du droit des gens, les ont violés ou méconnus; mais de ce qu'il y a des nations barbares qui violent ou méconnaissent ces saintes lois, s'ensuit-il qu'on ne puisse les rendre également bonnes pour toutes? C'est mal raisonner contre la loi que de lui attribuer les iniquités nationales; cela vient de ce qu'on ne distingue pas les actions humaines, contraires aux vrais principes des lois, d'avec les lois mêmes : parce que tous les peuples ne suivent pas exactement, et d'une manière uniforme, la loi du droit des gens, ce n'est pas à dire qu'elle soit essentiellement mauvaise. Il faut distinguer ici les actes populaires, ou plutôt des gouvernemens, d'avec les principes fondamentaux du droit des gens; la différence n'est pas dans la loi, qui est invariable, mais dans la pratique qu'on en fait. Observons que tout ce qui tient à la nature est généralement ressemblant, et que tout ce qui dépend de la coutume peut être différent : la coutume répand la variété par toute la terre, et la nature y répand l'unité; elle établit partout un certain nombre de principes immuables. Certes, ce qui est réellement un crime à Madrid et à Berlin ne peut pas être permis à Pétersbourg ni à Constantinople; un meurtre commis contre le droit des gens, est aussi détestable dans l'histoire des peuples sauvages que dans celle des peuples civilisés.

Le droit naturel, sur lequel est fondé le droit des gens est si simple qu'il parle un langage uniforme à toutes les nations. Ce droit, qui est gravé dans tous les cœurs, se fait entendre également à tous les hommes, de toute croyance et de toute secte : il n'est pas différent à Paris ni différent à Vienne ; c'est le même droit dans l'Europe comme dans l'Asie, dans l'Afrique comme dans l'Amérique : ses principes sont généraux, immuables et éternels. Que les souverains ne disent pas que c'est pour ne pas être attaqués qu'ils deviennent agresseurs ; c'est un faux prétexte, qui n'a pour fondement que l'ambition : qu'ils n'objectent pas le salut de la patrie ; c'est une excuse qui n'a pour principe que l'orgueil. A-t-on jamais dû attaquer pour se défendre ? La défense n'a jamais été l'agression, excepté de renverser l'ordre des choses ; il ne faut pas être agresseur pour pouvoir être défenseur : or, s'il n'y avait point d'attaque il n'y aurait point de défense, et par conséquent point de guerre parmi les hommes : de ces principes fondamentaux dérivent toutes les lois du droit public.

Il est si vrai que le droit des gens dérive du droit naturel, que dans les premiers âges du monde les hommes et les peuples n'avaient pas besoin de lois positives pour vivre en sûreté ; (1) les principes innés de la justice

---

(1) « Dans l'origine si une nation violait le droit commun, et qu'elle rompît l'accord de la société en

portaient alors chaque individu à respecter
volontairement son semblable, tant pour son
intérêt particulier que pour l'intérêt commun :
mais l'homme de la nature s'étant dépravé
dans l'état social, il a fallu avoir recours à
des lois pénales pour le retenir dans les
bornes de ses devoirs; de là sont sortis les
divers supplices et tous les instrumens meurtriers qu'on a pu inventer pour donner une
mort plus cruelle aux scélérats; et, parmi
tant d'horreurs, plus propres à exciter la pitié
des bons citoyens qu'à inspirer la vertu aux
méchans, le crime ne cesse de se reproduire;
tant il est vrai que l'art avec tous ses moyens
ne peut pas faire ce que fait sans aucun secours la simple nature. (1)

Le droit des gens est essentiellement le

---

cherchant à troubler le repos de celles qui vivaient
en paix, les nations voisines lui déclaraient la guerre
comme à l'ennemie de l'humanité. » *Gravina*, *Esprit
des Lois rom.*, tom. 1, pag. 41.

(1) Rien ne prouve mieux ce que nous disons que
l'exemple des Hottentots; ce peuple, qui est encore
très-voisin de l'état de nature, observe exactement
les grossières lois qu'il a établies; son gouvernement,
quoique simple, ne laisse pas d'être bien respecté.

même pour tous les peuples, puisqu'il est fondé sur le principe de leur mutuelle conservation; il importe de l'établir sur cette base dans l'institution du gouvernement politique, chose très-facile, parce que ses lois constitutives, ne dérivant absolument que des rapports externes des états, peuvent convenir à tous les peuples, malgré les différences caractéristiques qu'il peut y avoir entr'eux; mais le droit civil ne saurait être le même pour tous les hommes, attendu que chaque peuple peut avoir des lois civiles différentes, selon l'étendue et la population des états, à raison encore de la différence des climats et des caractères nationaux : ce qui a fait diviser l'Europe en plusieurs gouvernemens civils, qui doivent se réunir sous le même gouvernement politique. (1)

Les vrais principes du droit des gens sont partout les mêmes, partout tacitement re-

---

(1) « Les lois des divers peuples, dit *Gravina*, sont diverses entr'elles, parce qu'ils ne puisent pas leur avantage dans les mêmes sources, et que, quoiqu'ils aient besoin d'être bien gouvernés, ils ne sauraient l'être tous d'une façon égale. » *Esprit des Lois rom.*, tom. 1, pag. 62.

connus s'ils n'ont pas été explicitement énoncés. La matière reçoit partout des formes différentes; mais elle conserve partout sa nature. On a beau nous dire que dans la Turquie il est permis par la loi du droit des
gens de vendre ou d'égorger les captifs;
que dans le Brésil il est ordonné par cette
même loi de tuer et de manger les prisonniers;
qu'à Carthage on était autorisé par elle de
noyer les navigateurs étrangers; ce n'est là
qu'une violation manifeste de ce droit sacré; ce
n'est qu'une fausse application des principes
immuables de la justice. Pour nous tâchons
d'établir le droit des gens sur le vrai principe,
et d'instituer un gouvernement de nation à
nation qui le fasse observer rigoureusement
à toutes les puissances de l'Europe.

Mais qu'est-ce enfin que le droit des gens,
car il faut une fois pour toutes en fixer le sens
précis? *c'est le droit des peuples confié
aux soins des princes pour leur mutuelle
conservation.* (Cette définition est conforme
à ce que j'ai dit ci-devant, *que les peuples ne
veulent pas la guerre.*) Le droit des gens est
donc placé sous la sauve-garde des gouvernemens; mais le font-ils toujours observer? mais
l'observent-ils toujours? Au contraire; ils le

violent très-souvent, parce qu'il n'y a pas une garantie suffisante pour le faire mettre à exécution dans chaque état.

N'y a-t-il pas aussi le droit des souverains ? Sans doute qu'il y a des lois pour ces hommes puissans, comme il y en a pour les simples individus et pour les peuples, lesquelles dérivent de leurs rapports en tant qu'ils sont des êtres de la même espèce et du même rang : ces lois, qui constituent le droit des souverains, sont aussi sacrées que celles qui constituent le droit civil et le droit des gens ; elles en sont même une suite, ou pour mieux dire une application, attendu que ce droit des souverains, qui est communiqué par les peuples, auxquels il appartient originairement, n'est autre chose que les devoirs qu'ils ont à remplir les uns à l'égard des autres pour leur mutuelle conservation selon le droit naturel, ainsi que les obligations qu'ils ont contractées envers leurs sujets pour les protéger au-dedans selon le droit civil, et pour les garantir au-dehors selon le droit des gens. (1) Mais à voir leur conduite on di-

_____

(1) « Les droits du souverain résident dans les devoirs des sujets : ceux-ci, par un juste retour, ont leurs droits de citoyen établis sur les devoirs du

rait que le droit des souverains est l'opposé du droit civil et du droit des gens; il semble qu'il doive en être la violation expresse, et non l'observation rigide; il semble en un mot que ce droit autorise les princes à se faire la guerre pour le malheur des peuples.

Le premier rapport qui s'établit entre les princes est celui de l'humanité : ce rapport, qui est invariable et permanent, parce qu'il dérive de la nature, s'étend aussi à l'égard de leurs sujets, attendu qu'ils sont hommes avant d'être rois. Le second rapport qui s'établit entr'eux est celui de la souveraineté : ce rapport, qui est accidentel et fragile, parce qu'il n'est que d'attribution, s'étend aussi à l'égard des peuples, attendu qu'ils ont reçu de leurs mains les rênes du gouvernement. Or, comme hommes les princes ont à remplir, en vertu du droit naturel, de grandes obligations envers leurs semblables,

---

souverain, et l'assurance de ces droits sur son autorité, qui, semblable à celle de Dieu, doit être présente partout pour surveiller et maintenir la sûreté publique, l'instruction publique et le patrimoine commun. » *Encyclop. méthod., Economie*, tom. 2, art. *Droits et Devoirs de l'homme dans la Société policée.*

c'est à dire envers les autres princes, dont ils doivent respecter la personne et la dignité; et comme souverains ils en ont à remplir de plus grandes encore envers leurs sujets au-dedans des états en vertu du droit civil et politique, et au-dehors en vertu du droit des gens. Sous ces divers rapports il faut qu'ils se gouvernent entr'eux suivant les principes de la justice, parce qu'ils doivent servir d'exemple à tout l'univers; il faut qu'ils se respectent les uns les autres, parce qu'ils sont les représentans des nations; il faut qu'ils se conservent, parce que leur conservation est attachée à celle des peuples qu'ils gouvernent; il faut enfin qu'ils vivent en paix, parce que c'est de la paix que dépend le bonheur de ces mêmes peuples. Or, de ces différens rapports et de ces diverses obligations dérivent toutes les lois fondatrices du droit des gens.

Les princes sont obligés de suivre quatre sortes de lois dans la société : celle du droit divin, qui renferme les devoirs de la créature envers le Créateur, et qui découle de la religion, est la première, tant parce qu'elle doit servir de principe et de sanction à toutes les autres lois que parce que, retraçant

dans le souverain l'image de la Divinité, elle
doit faire naître un gouvernement sage de
la part du monarque, et une obéissance res-
pectueuse de la part des sujets. Celle du
droit naturel, qui renferme les devoirs de
l'homme envers son semblable, et qui dérive
de la nature, est la seconde, parce qu'elle est
gravée dans le cœur humain, et qu'elle doit
servir de modèle, de fondement et de sou-
tien aux lois positives, en ranimant les principes sentimentels de l'humanité, qui pourraient s'affaiblir par la distance qu'il y a
des gouvernans aux gouvernés. Celle du droit
civil et politique, qui renferme les devoirs des
souverains envers leurs sujets, est la troisième,
parce qu'elle doit assurer leur tranquillité
au-dedans de l'état en les mettant à couvert
des atteintes de la malveillance. Celle enfin
du droit des gens, qui renferme les devoirs de
ces mêmes souverains envers les peuples, est
la quatrième, parce qu'elle doit les garantir
respectivement au-dehors des atteintes ennemies en leur accordant à chacun une
égale protection. Ces deux dernières lois
s'appellent *positives*, attendu qu'elles sont
d'institution humaine. Or, il faut avoir égard
à tous ces principes dans la composition du

droit des gens pour établir immuablement la paix européenne.

Ainsi, il est question de donner à l'Europe des lois sous l'égide desquelles le genre humain repose paisiblement ; mais quelque bonnes que soient ces lois, elles ne pourront opérer le bien public qu'autant qu'elles s'observeront généralement ; or, pour cela il est nécessaire de les investir d'une force capable de réprimer toutes leurs infractions : il faut donc instituer un gouvernement politique qui soit revêtu de cette force ; car autrement qui pourrait mettre un frein à l'avidité respective de tant de princes différens ? Il faut en un mot donner à ce gouvernement toute la puissance dont il aura besoin pour faire le bien, sans qu'il ait celle de faire le mal ; le pouvoir de maintenir toujours la paix dans l'Europe, sans qu'il puisse jamais y susciter la guerre.

Pour bien faire observer les lois du droit civil chaque gouvernement monarchique ou républicain a une force collective générale à l'égard de chaque particulier, qui est membre du même état : de même pour faire observer les lois du droit des gens il faut que le gouvernement politique ait une force collective générale à l'égard de chaque peuple, qui fait partie de la grande société. Mais la force générale de chaque gouvernement civil à l'égard de ses citoyens n'est qu'une force particulière à l'égard des nations européennes : or, pour donner au gouvernement politique une force de cette nature il faut, comme nous l'avons dit, que toutes les volontés nationales se réunissent dans un même centre ; alors l'Europe, divisée en plusieurs états, formera un corps dont les parties vivront dans une harmonie inaltérable.

Malgré toutes les distinctions ci-devant faites des lois civiles et des lois politiques, je pense que le droit des gens n'est qu'une extension du droit civil, en ce qu'il découle de chaque société. Le premier naît des rapports existans entre les peuples, qui sont composés de citoyens ; et le second naît des rapports existans entre les citoyens, qui composent ces mêmes peuples : l'un a pour objet la sûreté de chaque individu ; l'autre a pour but la sûreté de chaque état, et tous les deux sont fondés sur le principe d'une mutuelle conservation. Il y a pourtant cette différence entre les lois du droit civil et les lois du droit des gens, que les premières sont mises à exécution par

le gouvernement civil entre les divers particuliers de l'état, et que les secondes seront
mises à exécution par le gouvernement politique entre les différens peuples de l'Europe.
Or, l'application des lois civiles est plus générale, parce qu'elle se fait intérieurement sur
un grand nombre d'individus ; celle des lois
politiques est plus particulière, parce qu'elle
se fait extérieurement sur un petit nombre de
peuples : mais l'application des lois politiques
est encore plus étendue que celle des lois civiles, si l'on fait attention qu'en l'appliquant
à chaque état elle comprend tous les citoyens ; il est vrai que cette application est in-
directe, attendu qu'elle ne peut avoir lieu à
l'égard de tous les habitans de l'Europe
que par l'intermédiaire des gouvernemens civils ; d'ailleurs, tous les citoyens de chaque
état ne formant qu'un être collectif représenté par son souverain, il s'ensuit que l'application des lois politiques est plus étendue
que celle des lois civiles.

Après avoir institué le pouvoir *extrinsèque*
ou *législatif* du gouvernement politique il
me reste à former ses trois pouvoirs *intrinsè-*
ques, c'est à dire ceux qui doivent exercer le
pouvoir *exécutif*.

CHAPITRE IV.

Congrès, Représentation et Surveillance.

Dans le sens actuel un congrès est une assemblée passagère de députés de chaque état belligérant, munis de pleins pouvoirs pour traiter de la paix. Quand les puissances ennemies sont lassés de faire la guerre, qu'elles ne peuvent plus se battre à cause de leur affaiblissement, elles entrent alors dans des négociations de paix ; elles ont recours à une assemblée de plénipotentiaires : mais un congrès qui ne reste assemblé qu'un certain tems ne peut pas opérer une paix perpétuelle ; il faut pour cela une institution politique, qui, embrassant l'intérêt de tous les états, ait une durée proportionnée à la durée de la paix, c'est à dire qu'elle soit permanente et éternelle comme la paix.

Il est question d'établir dans l'Europe un congrès de députés nationaux qui puisse fonder pour toujours la paix générale avec le concours des autres pouvoirs *intrinsèques* du gouvernement politique, et sous le consentement de son pouvoir *extrinsèque*. Nous avons vu que la nomination des membres de cet auguste corps est dévolue aux gouvernans, qui agiront pour les peuples, dont ils sont les officiers; mais dans l'éloignement où ils se trouvent les uns des autres comment pourront-ils parvenir à former simultanément une assemblée qui ne peut naître que du concours général? Rien de plus facile; il ne faut que la volonté des souverains, émanant des promptes communications qu'il y a continuellement entr'eux. Les gouvernemens sont des êtres personnifiés, des corps vivans qui n'ont besoin que de vouloir agir pour former cette assemblée de députés de tous les états Européens : or, telle est l'importance de l'institution du gouvernement politique qu'elle peut se former par un simple acte de la volonté générale.

Le congrès, une fois établi, sera le dépositaire des lois qui constitueront le droit des gens; par ses fonctions observatrices il ne cessera de veiller sur l'application qu'en devra faire le tribunal, et sur l'exécution qu'en devra poursuivre le protectorat : en cela ses fonctions auront une telle liaison avec celles des deux autres pouvoirs *intrinsèques*, qu'elles s'exerceront toujours de concert pour le but commun de la paix. Il faut que la session de ce congrès soit habituelle et permanente, c'est à dire que les plénipotentiaires s'assemblent tous les jours pour maintenir, chose certaine, la paix générale, tandis que la durée des congrès d'aujourd'hui n'est qu'accidentelle et transitoire, puisque les plénipotentiaires ne restent assemblés qu'un certain tems pour conclure, chose incertaine encore, une paix momentanée. En effet, que de congrès nationaux n'a-t-on pas vus en Europe! combien de traités de paix signés et rompus! ce qui suppose autant de guerres. (1)

La permanence des plénipotentiaires du congrès vaudra infiniment mieux que l'envoi périodique et réciproque des ambassadeurs des cours Européennes. Par le droit des gens

---

(1) Ne pouvant se fonder sur les devoirs réciproques que l'humanité leur impose, les nations cherchent à se procurer par des traités les avantages d'une paix durable; mais les conseils pernicieux d'une fausse politique leur remettent bientôt les armes entre les mains.

ces ambassadeurs doivent être toujours libres et indépendans, parce qu'ils sont les organes des souverains qui les envoient ; leur personne est sacrée, parce qu'ils sont les représentans des nations ; mais ils ne peuvent avoir une conduite suivie, ni un caractère ferme, tel qu'il conviendrait à des hommes qui sont la parole des princes : pouvant être à chaque instant rappelés ou renvoyés sous un vain prétexte, ils ne sont jamais au courant des affaires politiques ; ce qui donne un libre cours aux intrigues des cabinets, source inépuisable des guerres étrangères.

Mais s'il est vrai que les ambassadeurs des puissances soient respectables, il est vrai aussi qu'ils ne sont pas toujours respectés : par le droit des gens ils doivent demeurer libres, et contre le droit des gens, ils deviennent quelquefois captifs, et sont même maltraités. Après la prise de Dantzick par les Russes l'ambassadeur de France auprès de la Pologne fut fait prisonnier de guerre dans cette place, malgré l'inviolabilité de son caractère, parce qu'il s'agissait de la couronne de ce royaume, déférée par le vœu de la majorité à *Stanislas*, beau-père de *Louis XV*, qui soutint faiblement son élection, et par celui de la minorité à l'électeur de Saxe, allié de l'empereur *Charles VI,* qui fit prévaloir la sienne par ses armes et par celles de la Russie : aussi le gouvernement français, pour tirer vengeance de l'outrage qu'on lui avait fait dans la personne de son ambassadeur, se ligua bientôt avec l'Espagne et la Sardaigne , et l'empereur *Charles VI* perdit la Lorraine , les Deux-Siciles, et presque toute l'Italie. Juste vengeance s'il en fut jamais ! Mais il arrive souvent qu'on fait des attaques sans raison légitime, et presque toutes les querelles des nations n'ont pour principe que l'ambition, qui, pour assouvir sa faim cruelle, a toujours quelque injure à venger, quelque prétention à faire valoir, quelque guerre à entreprendre.

Dans tous les pays et dans tous les tems il y a eu des ambassadeurs envoyés de peuple à peuple pour traiter des affaires politiques et militaires , c'est à dire de la guerre et de la paix : ces ambassadeurs avaient anciennement leur personne si sacrée, qu'ils portaient un caducée pour marque distinctive de leur caractère. Les Romains avant de déclarer la guerre aux peuples qu'ils avaient dessein de subjuguer envoyaient chez eux

des députés pour leur demander s'ils voulaient se soumettre sans résistance. Ce pro-
cédé, quoique injuste, pouvait du moins
servir à épargner le sang : c'était, si j'ose
m'exprimer ainsi, mettre de la franchise
dans le brigandage; c'était commettre l'injustice sous un voile d'humanité. Mais les
peuples modernes ne sont pas si réservés
entr'eux ; ils peuvent sous bien de faux
prétextes se faire la guerre sans se prévenir.

Dans l'état présent un prince qui veut
s'agrandir ne manque pas de moyens pour
faire la guerre à ses voisins : d'un côté c'est
l'empereur de Russie qui, s'étant préparé
pour faire la guerre au grand sultan, lui
renvoie son ambassadeur par des raisons
spécieuses : voilà une rupture entre ces deux
puissances. D'un autre côté, c'est la cour de
Londres qui, s'étant sourdement disposée à
faire la guerre au roi d'Espagne pour une
prétendue insulte faite à son pavillon, rap-
pelle l'ambassadeur qu'elle a auprès de la
cour de Madrid : voilà encore une rupture
entre ces deux gouvernemens. Aujourd'hui
c'est la cour de Vienne qui pour une feinte
usurpation déclare la guerre au roi de

Prusse : demain ce sera le roi de Suède
qui, pour un droit supposé, fera la guerre
au roi de Danemarck. Telle est donc la
politique des cabinets de l'Europe, qu'elle
les fait travailler sans relâche, dans le secret
et sous des apparences d'amitié, à se détruire
mutuellement; et, ce qui est pis encore, pour
accroître leurs forces à dessein de se porter
de plus grands coups les rois forment entre
eux ces coalitions meurtrières, ces ligues homicides qui ébranlent à la fois toutes les nations. O honte! n'avons-nous pas vu presque
toutes les puissances de l'Europe liguées contre
la France, uniquement parce qu'elle avait
changé la forme de son gouvernement! Grâces
à l'immortel *Bonaparte,* qui par son hé-
roïsme l'a sauvée de la fureur des ennemis,
et qui par son génie l'a rendue à la liberté !

Après avoir observé les oscillations continuelles des gouvernemens civils à l'égard
du droit des gens, examinons maintenant
quelle sera la marche invariable du gouvernement politique pour en observer les lois, et
nous verrons l'avantage qui résultera de cette
institution européenne pour tous les peuples

comme pour tous les souverains : la franchise
ne cessera de régner dans le congrès des
plénipotentiaires; l'adulation sera à jamais
bannie du sein de leur assemblée; les principes qui régleront leur conduite seront
toujours clairs et équitables; et les puissances
de l'Europe auront désormais la plus grande
confiance les unes dans les autres pour vivre
en paix, tandis qu'auparavant elles s'inspiraient toutes sortes de frayeurs pour se faire
la guerre.

Tous les états européens ont à peu près
les mêmes principes de droit public; c'est
pour cela qu'ils s'accordent de tenir entre
eux une balance égale; qu'ils emploient sans
cesse les négociations, même pendant leurs
hostilités, et qu'ils entretiennent les uns
chez les autres des ambassadeurs pour aver-
tir chaque puissance des desseins des autres
puissances, et les mettre également à couvert; (1) mais ce moyen de repression
est très-souvent insuffisant pour les états,

_____

(1) Cette pratique, quoiqu'elle ne réussisse pas toujours, est pourtant bien nécessaire, puisqu'elle apporte
quelque modération dans un métier aussi violent que

parce qu'ils n'ont pas un centre d'unité qui
fixe invariablement la paix parmi eux : en effet, la politique des cours, qui agit sourdement, trompe ou écarte souvent les ambassadeurs clairvoyans; de manière que chaque
gouvernement, se trouvant séparé, et vivant
à sa discrétion particulière, n'a d'autre frein
que celui qu'il veut bien s'imposer.

Mais encore combien de fois n'a-t-on pas
envoyé en ambassade des hommes incapables
de rien prévoir ! ce qui donne aux souverains
la liberté d'agir comme ils veulent. On trouve
rarement des ambassadeurs tels que les *Méthuen* et les *d'Uxelles ;* (1) cela est si vrai,

---

celui des armes; qu'elle met des bornes aux calamités
qu'il produit, et laisse une porte toujours ouverte au
retour de la paix. Si les nations, qui ne connaissent
d'autre juge que leur conscience, n'agissaient pas de
cette manière, elles seraient tous les jours exposées à
des invasions imprévues.

(1) *Voltaire* rapporte que le chevalier *Méthuen,*
ambassadeur d'Angleterre auprès du duc de Savoie en
1706, était le plus généreux, le plus franc et le plus
brave homme de son pays qu'on ait jamais employé dans
les ambassades; et que le maréchal *d'Uxelles,* ambassadeur de France auprès des puissances liguées en 1710,
était un homme d'un esprit très-sage et très-prévoyant.

qu'en 1688 *Barillon*, ambassadeur de France
à Londres sous le règne de *Jacques II*, se
trompa grossièrement à l'égard de l'armement
du prince d'Orange, alors gouverneur de la
Hollande : il crut, sur le bruit qui s'en ré-
pandit, que cet armement était destiné contre
la France. Mais *Louis XIV* vit que c'était
pour détrôner le roi d'Angleterre, son allié,
auquel il offrit des secours, qui furent d'abord
refusés, et ensuite demandés quand il n'était
plus tems. En 1700, tandis que *Charles II*,
roi d'Espagne, approchait du tombeau, le
comte *de Harrach*, ambassadeur de la cour
de Vienne à Madrid pour solliciter un tes-
tament en faveur de *Léopold*, croyait déjà
que l'empereur fût reconnu pour successeur,
et c'était le petit-fils de *Louis XIV*. (1)

Mais, outre que les ambassadeurs ne peuvent pas toujours pénétrer la politique des cabinets, il est encore des tems où les puissances
n'en ont pas chez elles ; et ces tems sont malheureusement trop fréquens pour ne pas laisser intervertir le cours des affaires générales.
Ce n'est ordinairement que pendant la paix,
les trèves et les négociations que les princes

(1) Voyez l'Essai sur l'Hist. gén., tom. 7 et 8.

s'envoient des ambassadeurs ; pendant les
hostilités ils ne s'envoient guère que des par-
lementaires pour se faire des avertissemens ou
des sommations. *Voltaire a dit avec raison
que la politique et les armes semblent malheureusement être les deux professions les
plus naturelles à l'homme; qu'il faut toujours négocier ou se battre.* Il arrive même
qu'on négocie et qu'on se bat tout à la fois :
en 1684 les Autrichiens et les Espagnols négociaient avec *Louis XIV* à Ratisbonne pendant que ce monarque prenait leurs villes. En
1710 deux ambassadeurs français négociaient
avec des ambassadeurs anglais, autrichiens et
hollandais, à Gertruidenberg, pendant que
ces alliés s'emparaient de Douai, de Béthune,
d'Aire et de Saint-Venant.

Au reste, l'esprit, la sagesse, l'éloquence,
la subtilité et tout l'art de la politique ne
servent de rien aux ambassadeurs lorsque le
prince qui les envoie est faible ou malheureux; ce sont les succès militaires qui font les
traités entre les puissances belligérantes. On
voit dans l'histoire de l'Europe qu'en 1710,
pendant que les affaires de la monarchie française étaient en mauvais état, *Louis XIV* fit
aux puissances alliées contre lui des soumis-

sions qui furent reçues avec mépris, quoiqu'elles fussent présentées par deux ambassadeurs très-éclairés. Mais il n'en fut pas de
même en 1684, quand le roi de France, devenu terrible par la puissance de ses armes,
força le pape *Innocent XI* à recevoir son ambassadeur dans Rome; et s'il fallait un autre
exemple nous le trouverions dans le même
prince : à la paix de Nimègue *Louis XIV*
victorieux donna des lois aux ennemis vaincus; mais à la paix d'Utrecht *Louis XIV*
vaincu reçut des lois de la part des ennemis
vainqueurs.

Mais quand le congrès Européen sera formé, quand le gouvernement politique sera
établi, les puissances ne pourront plus alors
faire mouvoir les ressorts secrets d'une politique astucieuse; elles ne s'enverront plus de
députés particuliers pour s'engager les unes
les autres à prendre ou à quitter les armes,
parce qu'une paix constante régnera au milieu d'elles.

Pour établir imperturbablement la paix
dans l'Europe il faut que les divers gouvernemens se donnent mutuellement toutes sortes
de sécurité. La crainte qu'un prince a d'être
attaqué par son voisin qui fait des préparatifs

de guerre dans la seule vue de se fortifier
est la cause originelle de la plupart des guerres
étrangères ; mais lorsque dans le gouvernement politique les peuples et les rois seront
tous attachés au bien commun par un équilibre de forces qui ne leur laissera plus aucun
sujet de crainte ; alors ils ne feront plus la
guerre. Les réflexions qui m'échappent de
tems en tems sur cet art destructeur m'entraînent hors de mon sujet ; mais j'y reviens.

Dans quel endroit siégera le congrès des
plénipotentiaires ? Sera-ce dans l'Allemagne,
dans la France ou dans un autre empire ?
Tiendra-t-il toujours sa session dans le même
lieu, ou se transportera-t-il tour à tour dans
le sein de chaque état ? Ses membres seront-
ils élus à vie, ou seulement pour un tems déterminé ?

Pour rendre les fonctions du congrès absolument libres il faut le placer au centre de
l'Europe, dans une ville qui soit indépendante, avec un territoire assez spacieux, afin
qu'il ne soit influencé d'aucune part, confi-
nant même avec le plus grand nombre d'états
possible ; on pourrait encore lui bâtir un édifice sur un terrein commun à toutes les nations : mais en quelque lieu qu'on le place

vers le centre de l'Europe, sa session devra être fixe et invariable: (1) ce serait le plus grand des inconvéniens de faire transférer périodiquement d'un état dans l'autre un corps de députés, qui doit avoir les yeux continuellement fixés sur les gouvernemens européens, et qui peut même être dans le cas de faire marcher promptement, partout où besoin sera, la force armée qui sera mise à la disposition du protectorat; d'ailleurs, quelle jalousie ou quelle crainte les souverains pourront-ils concevoir à l'égard d'une assemblée qui doit garantir également tous les états ? car en fixant invariablement le congrès au centre de l'Europe, ce corps majestueux exercera la surveillance la plus active sur tous les gouvernemens; ce sera comme un phare lumineux élevé au milieu des puissances continentales pour découvrir de toutes parts les atteintes qu'elles pourraient porter

---

(1) La ville où siégera le congrès sera indépendante, et n'aura pas besoin d'avoir aucun député à l'assemblée pour sa sûreté extérieure, puisqu'elle aura dans son sein tous les pouvoirs constitués du gouvernement politique; elle aura seulement des magistrats civils pour son administration intérieure.

au droit des gens; ce sera en un mot le **vrai**
télégraphe de l'Europe, qui correspondra ra-
pidement avec toutes les cours pour entretenir la paix générale. Mais si le congrès trans-
férait tour à tour ses séances, pour un tems déterminé, dans le sein de chaque empire, pour
lors il serait tantôt à l'est et tantôt à l'ouest,
tantôt au nord et tantôt au sud, et presque
toujours à l'une des extrémités de l'Europe,
parce qu'il n'est aucun état qui ne s'étende
vers un des confins de cette partie du monde :
bien plus ; il faudrait que les autres pouvoirs
constitutifs du gouvernement eussent la même
mobilité , attendu qu'ils sont inséparables des
uns des autres ; ce qui causerait de grands
frais inutiles , et ferait perdre un tems très-
précieux.

Pour donner encore au congrès un caractère plus imposant il faut que les plénipotentiaires soient inamovibles , mais destituables dans le cas de forfaiture : alors on
verra paraître dans l'Europe un corps de magistrats qui seront jaloux de conserver la confiance qu'ils auront obtenue des gouvernemens ; qui tâcheront de se surpasser les uns les
autres pour être maintenus dans leurs fonctions honorables ; qui exerceront la surveil-

lance la plus rigoureuse sur toutes les puissances, afin de les contenir plutôt que de les
réprimer, à l'égard des atteintes qu'elles pourraient porter au droit des gens. Si, au contraire, ces magistrats n'étaient élus que
pour un tems déterminé, le déplacement et
le remplacement qui auraient lieu produi-
raient un acte complexe, qui laisserait toujours
un intervalle pernicieux entre la sortie et l'entrée des plénipotentiaires : autre inconvénient ; leurs fonctions se relâcheraient encore
à raison de la brièveté de leur durée, et on
n'aurait jamais dans le congrès que des gens
sans expérience, parce qu'ils devraient sortir à mesure qu'ils seraient initiés dans l'art
du gouvernement. Il est vrai qu'ils pourraient être réélus ; mais que de brigues dans
les cours européennes pour parvenir à cette
assemblée ! N'aurait-on pas à craindre l'influence bien marquée des personnes qui seraient auprès des gouvernemens, et qui pourraient même décrier les plus dignes des députés
pour devenir leurs successeurs ? J'avoue que
les plénipotentiaires anciens pourraient avoir
aussi dans les cours des personnes qui pourraient les protéger; mais les démarches, mais
les sollicitations qu'ils seraient obligés de faire

pour leur réélection, dans l'incertitude encore de l'obtenir, les distrairaient pendant un certain tems de leurs fonctions. Or, il n'y aurait rien qui pût faire limiter cette charge que le danger de l'inamovibilité; mais on n'a aucun danger à courir, aucune crainte à concevoir d'un corps qui, par honneur et par intérêt, ne pourra jamais faire que le bien public : la destitution d'ailleurs de ses membres en cas de prévarication suffira pour le contenir dans ses bornes.

Il s'agit à présent de déterminer le nombre de députés que chaque gouvernement devra envoyer au congrès européen ; la représentation sera-t-elle égale pour tous les états, ou bien proportionnelle à leur population ? Je pense que chaque gouvernement doit avoir dans le congrès une égale représentation, afin que les grands états ne puissent pas plus influer que les petits dans les délibérations politiques : or, pour avoir également l'expression des puissances européennes il faut qu'elles aient chacune un nombre égal de plénipotentiaires. Pour faire voir combien il importe d'admettre le même nombre de députés pour chaque gouvernement, je comparerai ici deux républiques fédératives, dont l'une admettait dans ses assemblées l'égale représentation parmi les villes de sa dépendance, et l'autre admettait la représentation proportionnelle. La république de Lycie était composée de plusieurs villes; les grandes y avaient trois voix, les médiocres deux, les petites une : cette inégalité tendait à rompre la balance des suffrages en établissant une prépondérance souvent nuisible au bien commun. La république de Hollande, au contraire, était composée de sept provinces, grandes ou petites, qui y avaient chacune une voix : par ce moyen elles statuaient toutes également pour leurs intérêts, et se trouvaient à l'abri de l'influence et de l'intrigue. Il me semble que cela doit décider en faveur de l'égalité de représentation. Mais quel nombre de députés les états doivent-ils avoir? Je pense que l'on peut sans aucun inconvénient le fixer à un pour chaque gouvernement, avec l'attention de choisir de part et d'autre des hommes éclairés, sages et vertueux; ce qui ne sera pas difficile, attendu que le nombre de voix pour chaque état se trouve unique comme l'état.

Il importe aussi que l'assemblée des plénipotentiaires soit toujours complette, afin de rendre chaque représentation continuellement

égale ; de sorte que si un député meurt ou
tombe malade il sera aussitôt suppléé par
un autre député de la même nation : or,
pour qu'il n'y ait pas le moindre retard dans
ce remplacement chaque prince aura encore auprès de l'assemblée deux vice-dépu-
tés ou suppléans, qu'il nommera dans ses
lettres, par premier et second. Cette représentation des états, toujours complette, établira une plus grande unanimité dans les
délibérations du congrès, et les mettra les
uns à l'abri des autres par une balance parfaite. Ce système du véritable équilibre des
suffrages ôtera la prépondérance des grandes
puissances de l'Europe, et diminuera pour
toutes les frais du gouvernement.

Pour faire voir combien il est nécessaire
dans le congrès de rendre égaux les suffrages entre les plénipotentiaires des états,
et combien il serait dangereux de vouloir
suivre la proportion arithmétique de leur
population, supposons qu'un état fût si peuplé que dans le concours général il l'em-
portât sur tous les autres, attendu qu'il aurait plus de la moitié des membres devers
lui, pour lors cet état se trouverait maître
des suffrages des autres états, et il n'y au-

rait plus de volonté générale dans le congrès ; les avis qui prévaudraient dans les
délibérations, ou les choix qui l'emporte-
raient dans les élections, ne seraient que des
avis ou des choix particuliers ; que, si un
état n'était pas assez fort pour prévaloir sur
les autres, il pourrait se coaliser avec celui qui viendrait après lui, et faire conjointement la loi à tous les autres états. Or,
puisque dans l'Europe il y a des états plus
grands et des états plus petits, il faut réduire, comme je l'ai observé, la représentation à un seul député pour chaque état :
ainsi l'on préviendra l'inégalité des voix.
Solon à Athènes, et *Numa Pompilius* à Rome
en firent de même dans les élections populaires. Par-là on diminuera les frais du
congrès, et l'on aura plus d'harmonie dans
l'assemblée ; accord admirable de l'intérêt
et de la justice, qui donnera aux délibérations du congrès un caractère d'équité
qui fera la sûreté de tous les peuples comme
de tous les souverains. Ne multiplions pas
inutilement les ressorts du gouvernement politique ; pourquoi ferions-nous avec cent hommes ce que vingt hommes choisis peuvent
mieux faire encore ? Alors les résolutions

du congrès seront plus promptes, les débats
moins fréquens, s'il est vrai qu'il puisse y
avoir des débats parmi des gens qui auront
tous en vue le bien public, c'est à dire la paix.
Règle générale : plus les magistrats sont nombreux, plus le gouvernement est faible ; c'est
ce qui donne l'avantage au gouvernement monarchique sur le gouvernement républicain.
Je conviens que si les plénipotentiaires étaient
plus nombreux les résolutions du congrès
seraient plus conformes à la volonté générale ;
mais quand on est placé entre deux inconvéniens il importe toujours d'éviter le plus
grand : il faut se contenter du bien pour éviter le mal quand on ne peut pas mieux
faire.

Il n'y a que la volonté générale qui puisse
soumettre chaque état aux ordres du gouvernement politique : or, comme les lois du
droit des gens doivent être l'expression de
tous les gouvernemens civils pour devenir
obligatoires, de même il faut, pour les faire
exécuter avec rigueur et sans exception, que
chaque gouvernement civil soit également intéressé, et forcé même à leur observation. On
voit ici combien il est nécessaire que dans le
congrès la représentation des états soit parfai-

tement égale, afin qu'on ne puisse jamais craindre qu'une de ses résolutions soit seulement la volonté de quelques membres, au lieu d'être celle du corps entier ; afin qu'il ne puisse pas plus favoriser le grand état que le petit : or, pour s'assurer que la volonté particulière de chaque député est conforme à la volonté de tous il faut la soumettre également au suffrage de chacun d'eux ; il faut surtout qu'elle ne nuise ni ne déplaise à aucun, c'est à dire qu'elle tende au but commun de la paix.

Dans les délibérations comme dans les élections du congrès le suffrage particulier de chaque plénipotentiaire aura un effet général par rapport au gouvernement politique ; c'est à dire qu'il aura la même force que si le peuple en corps l'avait donné, attendu qu'il ne peut agir en cette circonstance, comme nous l'avons déjà vu, que par l'intermédiaire de ses délégués ou sous-délégués : de sorte que dans cette assemblée il n'y aura pas autant de votans que d'individus de chaque état qui auraient droit de voter en tant qu'ils font partie du corps du peuple souverain ; mais il y en aura seulement autant que de gouvernemens civils, dont le nombre pourra être d'environ quatorze. (1) De cette manière les diverses opinions seront moins nombreuses, parce que chaque suffrage individuel et secret en exprimera collectivement une infinité d'autres, et elles donneront un résultat moins direct et moins général, mais plus conforme et plus unanime, attendu que le député de chaque gouvernement civil stipulera pour sa nation.

Mais encore ce qui peut généraliser la volonté de tous les peuples européens est moins le nombre de voix que l'intérêt commun qui les unit : il est indifférent qu'il y ait un député ou deux de chaque état, puisque, pour rendre le vœu véritablement complet, il faudrait que chaque peuple en corps s'assemblât pour donner directement son suffrage ; ce qui est impossible : or, il suffit que dans les délibérations du congrès chaque état trouve également son intérêt pour avoir la volonté générale ; car

(1) Bien entendu que les états confédérés qui ne forment qu'une même puissance sous un même gouvernement, tels que les cantons suisses, ne doivent avoir qu'un nombre de députés égal à celui des états simples : il serait dangereux qu'ils en eussent davantage ; cela compromettrait la sûreté publique en leur donnant une prépondérance funeste aux autres états.

aucun gouvernement européen ne refusera de se soumettre aux conditions qui seront imposées par chacun à tous pour le bien commun; aucun d'eux ne refusera d'envoyer au congrès le plus petit nombre de députés qu'il se pourra, pourvu qu'il soit suffisant, ni d'admettre l'égalité de représentation, pourvu qu'elle ne nuise à personne.

Les grandes puissances pourront objecter que pour rendre la représentation des états parfaitement égale il faudra n'admettre dans le congrès qu'un nombre de députés proportionnel à leur population, ainsi que l'on devra donner à chacun d'eux un nombre de troupes proportionnel à leur étendue : c'est un sophisme fondé sur ce qu'elles ne font pas attention que pour avoir une représentation généralement égale dans l'assemblée il n'est pas nécessaire d'y introduire un nombre de députés proportionnel à la population des états, puisqu'un seul député pour chaque état, tant à l'égard du grand qu'à l'égard du petit, suffit pour exprimer également la pleine volonté de son gouvernement, parce que la voix du plénipotentiaire d'un petit état, étant comptée comme la voix du plénipotentiaire d'un grand état, a le même poids, et rend la ba-

lance égale dans les élections comme dans les
délibérations, où il ne s'agit que d'opiner : .
or, il faut que notre institution établisse en
tout une telle égalité de force et de représentation entre les états, grands et petits, qu'en
s'engageant sous les mêmes conditions ils
jouissent tous, sans distinction de rang, des
mêmes droits sous les ailes protectrices du
gouvernement Européen.

Que les grands potentats n'insistent point
sur ce que la représentation n'est pas lé-
gale si elle n'est pas proportionnelle à la
population de chaque empire ; car je
leur répondrai qu'ils se trompent en soutenant cette opinion ; qu'il n'y a nulle injustice de rendre les voix respectivement
égales là où les droits sont respectivement
égaux, quand on peut le faire sans aucun
danger : or, la paix est un bien commun à
tous les peuples ; donc tous les états ont un
droit égal à la paix. Qu'ils ne disent point
que les petits états ont plus d'avantages que
les grands dans cet ordre de choses ; car je
leur répondrai encore que les avantages sont
les mêmes pour tous dans un égal concours
de toutes les volontés : je soutiens même qu'il
n'y aura jamais d'inconvénient que les petits

états aient autant de députés que les grands
dans cette assemblée, où il ne sera pas question
de guerroyer, mais de délibérer ou d'élire. En
effet, les gouvernemens civils n'ont rien à
craindre de l'égalité de représentation : ce
serait au contraire le plus grand des inconvéniens que les grands états eussent plus de députés que les petits dans le congrès, parce
qu'alors la majorité, prévalant sur la minorité, se trouverait maîtresse des suffrages, et
ferait arbitrairement la loi. Si jamais il pouvait être permis d'accorder plus de voix aux
unes qu'aux autres puissances, on devrait le
faire en faveur des petites, parce que la force
majeure des grands états n'aurait rien à craindre de la force mineure des petits, qui suivraient
toujours l'impulsion générale. Ce tempérament, s'il était juste de l'admettre, tendrait
à corriger l'inégalité physique des empires,
et à établir une plus grande sûreté générale;
car les petits états ne tenteront jamais de faire
la guerre aux grands. Etablissons donc, ce
qui vaudra mieux, l'égalité de représentation
pour tous les gouvernemens, ne fût-ce que
pour écarter les jalousies qui pourraient naître
entr'eux des députations inégales, et pour
fonder un vrai équilibre, par lequel tous les

états, venant aboutir vers le même centre, formeront une masse de repos imperturbable.

Les plus grands princes pourront dire encore que quand ils auraient plus de députés dans le congrès les petits états ne seraient pas moins à l'abri des grands, à la faveur de l'équilibre des forces européennes ; que, malgré l'inégalité de représentation , la balance se trouverait tout aussi bien dans les suffrages par la réunion de toutes les puissances contre celle qui voudrait dominer : mais si cela doit être égal , pourquoi soutiendraient-ils avec tant d'ardeur le système d'une représentation proportionnelle? Serait - ce pour la gloire d'avoir plus de plénipotentiaires , dans l'idée de contribuer davantage à l'utilité commune? Mais quelle gloire y aurait-il pour les grands états de faire avec quatre députés ce qu'ils pourraient faire avec un seul? Ce serait bien plutôt un acte de faiblesse, puisque l'état le plus petit, avec un seul député, concourrait également de toutes ses forces au bien commun. Or, sous ce point de vue les grandes puissances doivent admettre l'égalité des voix dans le congrès, à moins qu'elles n'aient des projets d'agrandissement : je suppose même que de cette manière elles dussent plus coopérer au

bien public, elles n'auraient pas pour cela plus
de gloire ; car la gloire est toujours relative au
mérite personnel ; elle est toujours proportionnée aux efforts qu'elle coûte. « Dans la
balance de la gloire, dit *Marmontel,* entrent
avec le bien qu'on fait les difficultés qu'on
surmonte. »

Ce n'est pas pour éviter les frais de l'assemblée que je fixe le nombre à un seul député
pour chaque état ; car dans une institution
de si grande importance il serait ridicule de
vouloir économiser sur la dépense des plénipotentiaires. Si le plus grand bien de cette
institution ne devait s'opérer qu'en multipliant
les membres du congrès, je n'hésiterais pas
de donner à chaque état dix députés s'il était
nécessaire ; les plus grandes dépenses seraient
peu de chose en comparaison du bien qui
devra résulter de cette assemblée : du reste,
il faut prendre toujours le plus sûr moyen,
et quand on trouve le meilleur possible dans
les règles économiques il faut choisir alors
sans balancer. Le nombre d'un seul plénipotentiaire pour chaque état sera la sauve-garde
de tous les peuples : il importe toujours de
se mettre à la portée de tout le monde, même
dans les choses les plus aisées, quand il n'y

a nul danger de le faire, et surtout quand il y a plus de sûreté pour tous. Sans doute il importe de se mettre à la portée de chacun dans une institution qui intéresse également tous les peuples, et au moyen de laquelle ils doivent tous également coopérer au bien de la paix générale. De cette manière il y aura dans l'assemblée plus d'harmonie, moins d'altercation. plus de loyauté; il y aura aussi plus d'égalité dans la représentation, attendu que plus grand serait le nombre des députés, plus les opinions seraient divergentes : mais, en nous bornant ainsi à un seul député pour chaque état il faudra que les gouvernemens choisissent des hommes qui jouissent d'une fortune au - dessus de la médiocre, et qui aient fait preuve de lumières, de sagesse et de vertus, qualités indispensables pour y être admis; il faudra qu'ils choisissent des hommes inaccessibles à toutes les passions, froids dans la conception de leurs idées, et ardens dans l'exécution de leurs desseins; des hommes qui, réunissant le caractère de *Socrate* à celui de *Caton*, concilient l'amour de la patrie avec l'amour de l'humanité.

CHAPITRE V.

Tribunal, Rédaction et Jugemens.

MAINTENANT nous allons établir un tribunal suprême qui siégera auprès du congrès : c'est à la décision de ce tribunal auguste qu'on soumettra tous les différends qui pourront venir entre les gouvernemens européens au sujet de leurs droits respectifs; car les princes ont des passions comme les particuliers; ils en ont même de bien plus fortes, à raison de leur élévation : quoiqu'ils soient gouvernés par les lois du droit des gens, ils peuvent avoir les uns envers les autres des prétentions, justes ou injustes, qui les entraînent dans la guerre, parce qu'ils n'ont d'autre voie que celle des armes pour les juger.

Mais comment formerons-nous ce tribunal suprême? d'où tirerons-nous les juges? qui les nommera? seront-ils nombreux? seront-ils permanens? seront-ils inamovibles ou révocables à volonté?

Les gouvernans doivent exercer encore ici,

par droit de représentation, un acte de souveraineté qui appartient aux peuples: or, pour
suivre à l'égard de la composition de ce tribunal la même règle qu'à l'égard de celle du
congrès chaque gouvernement fournira un
sujet qui viendra prendre place dans la cour
souveraine : ainsi, le plus grand état n'aura
qu'un juge à nommer comme le plus petit; ce
qui établira l'égalité de représentation entre
toutes les puissances de l'Europe. (1)

Pour rendre ce tribunal permanent comme
le congrès les gouvernemens suppléeront de

---

(1) Il importerait peut-être que chaque état eût dans
le tribunal, aussi bien que dans le congrès, deux députés
au lieu d'un seul, parce qu'en cas de maladie ou de
mort de son député il y aura un intervalle pendant
lequel il se trouvera sans représentant, tandis que par la
nomination de deux délégués il en restera toujours un
pour surveiller ses intérêts dans l'assemblée : mais
pour éviter cet inconvénient on peut tomber dans un
autre; plus il y aura de membres dans le tribunal et dans
le congrès, moins il y aura d'accord et d'harmonie; d'ailleurs le court intervalle qu'il faudra pour effectuer le
remplacement du député défunt ne sera pas capable de
compromettre les intérêts de l'état qui l'aura perdu,
attendu que les représentans des autres états veilleront
tout de même pour lui dans la cause commune : au
surplus, j'expose ici les raisons pour et contre, afin
qu'on puisse prendre le parti qu'on croira le meilleur.

nouveaux juges à la place de ceux qui mour-
ront, ou qui tomberont malades, afin que la
représentation soit toujours complette. (1)
Ces juges seront inamovibles dans leurs fonctions ; mais ils seront destituables dans le cas
de prévarication : c'est un moyen qui conciliera l'intérêt des juges avec celui des justiciables, parce qu'il rendra le magistrat attentif sur lui-même dans l'exercice de ses fonctions sans lui ôter la fermeté qu'il doit avoir,
à raison de l'inamovibilité de sa charge, et
sans lui donner la faiblesse qu'il aurait à raison de son renouvellement. Cette institution,
outre l'utilité qu'elle aura dans le gouvernement politique à l'égard de tous les peuples,
servira encore à exciter l'émulation des
hommes de génie, et à faire naître dans tous
les états les plus habiles jurisconsultes pour
l'avantage de tous les citoyens, en ménageant
à chaque individu l'espoir de parvenir un
jour à cette haute magistrature.

Mais qui fera connaître les sujets capables
de remplir ces fonctions importantes ? Ce sera

(1) Pour activer ce remplacement chaque prince
tiendra dans la ville centrale deux vice-juges ou suppléans qui seront nommés par premier et second.

la voix publique, ce juge sévère et infaillible,
qui désignera à chaque gouvernement Européen le magistrat qui devra entrer dans ce
corps auguste : il n'y a pas de doute que les
plus habiles jurisconsultes seront appelés de
tous les états pour remplir ces fonctions honorables. O divine institution ! établissement
sacré qui vas distribuer paisiblement aux peuples la justice et le bonheur ! Ces grands juges
seront majestueusement élevés sur leurs siéges;
ils seront sous l'appareil le plus imposant de
la magistrature ; leur bouche s'ouvrira pour
prononcer souverainement sur les grands intérêts des nations, sans ministère d'avocats, mais
sur les manifestes des gouvernemens ; (1) ils

_____

(1) On pourra placer auprès du tribunal suprême
un commissaire qui fera, au nom du gouvernement Européen, les fonctions de rapporteur national :
c'est à ce commissaire que les souverains adresse-
ront leurs prétentions et leurs titres. La nomination à
cette place serait dévolue au protectorat comme puissance exécutrice du droit des gens; mais, soit pour
simplifier la marche du gouvernement, soit pour écarter les jalousies qui pourraient naître de l'élection d'un
seul officier pour tous les états réunis, il sera bon que
chaque membre du tribunal, sans nomination expresse,
remplisse à tour de rôle les fonctions de cette charge;

feront l'application précise des lois sur les cas
prévus, et pour les cas imprévus ils cherche-
ront l'esprit de ces mêmes lois : leurs graves
fonctions seront toujours égales ; ils se déter-
mineront par les mêmes motifs ; ils se déci-
deront par les mêmes principes ; en un mot
ils seront dans leurs jugemens toujours sans
prévention, sans préférence, comme si tous
les droits qui leur seront soumis leur étaient
indifférens : aussi, en témoignage de leur
intégrité, pourra-t-on les représenter avec
un bandeau sur les yeux, douce et char-
mante allégorie dont les anciens se servaient
pour marquer l'impartialité de la justice.

Quoique ce tribunal comprenne dans sa
juridiction souveraine tous les états européens, il aura pourtant moins de cas litigieux
à juger entre des divers princes que chaque
tribunal de district n'en a à juger entre les di-

---

ce renouvellement périodique conciliera les intérêts de
toutes les nations en conservant également à chacune
ses droits représentatifs. Le seul inconvénient qu'on
trouve en ceci c'est que le commissaire temporel devra se faire remplacer dans les affaires qui regarderont
sa nation; et peut-être vaudrait-il mieux de n'en point
établir, ne fût-ce que pour ne pas décomposer le tribunal, qui jugerait alors sur la présentation des pièces.

vers citoyens de son ressort; mais ces cas seront
d'une beaucoup plus haute importance : la
raison en est que, l'Europe étant seulement
composée d'environ quatorze peuples, qui
n'ont chacun qu'un territoire, et chaque district renfermant au contraire une infinité de
citoyens, qui ont chacun un grand nombre
de propriétés, il s'ensuit nécessairement qu'il
doit y avoir beaucoup plus de contestations
civiles que de différends nationaux ou royaux.
Mais s'il est vrai que le tribunal suprême ne
comprend dans sa juridiction que quatorze
souverains, il est vrai aussi que ces souverains ont d'immenses richesses, et de grandes
passions qui les portent souvent à se faire réciproquement la guerre, sans que rien puisse
les en empêcher.

Les princes, qui sont presque toujours dans
un état d'hostilité les uns contre les autres par
l'effet de la jalousie ou de la crainte, ne
peuvent se plaindre devant aucune puissance de la violation du droit des gens; de
la manière qu'ils vivent politiquement entre
eux ils se trouvent tous dans le cas alter-
natif de la force, et, comme ils ont chacun
le pouvoir de s'en servir, ils sont dans une
action et une réaction continuelle. Or, vouloir

que les représailles de souverain à souverain
cessassent dans la guerre, ce serait vouloir
que les uns demeurassent rois, et que les
autres devinssent sujets; c'est à dire que ce
serait vouloir une chose contradictoire.

Chaque nation peut devenir conquérante
selon le génie du gouvernement ; mais si la
justice dirigeait les cours des monarques elle
leur ferait voir qu'elles se disputent souvent
des pays sur lesquels elles n'ont aucun droit :
car quel droit avaient les Espagnols d'égorger
les Mexicains? quel droit avaient les Prus-
siens, les Russes et les Autrichiens d'asservir
les Polonais? Le même droit que les Anglais
ont eu sur les Irlandais et sur les Canadiens;
celui de la force.

La plupart des guerres qui désolent les nations n'ont pour fondement que l'ambition or-
gueilleuse : quelle nécessité peut-il y avoir pour
elles de s'exterminer?Si dans chaque monarchie
(je nomme ce gouvernement, parce qu'il est le
plus porté à la guerre) le souverain attendait
que le peuple voulût imposer des subsides,
et lever des troupes pour aller se battre contre
un autre peuple, il n'y aurait certainement
plus de guerres étrangères; car un peuple
en a-t-il jamais voulu asservir un autre ? La

chose serait d'ailleurs impossible ; l'invasion
d'un état par un autre état est un mot vide
de sens : est-ce qu'un empire (s'entend le
territoire qui le forme) peut engloutir un
autre empire ? Est-ce qu'une nation (s'entend les individus qui la composent) peut
dévorer une autre nation ? Chaque peuple
est un être collectif qui a le droit de subsister et de se gouverner selon les lois qu'il a
établies ; et nulle puissance au monde ne peut
les changer sans enfreindre le **droit des
gens**.

Il est pourtant vrai qu'un peuple peut être
conquis par un autre peuple ; mais de ce qu'un
empire peut être fondu dans un autre empire
il ne s'ensuit pas que son territoire puisse être
anéanti, non plus que ses habitans ; car
qu'est-ce qu'un état, si ce n'est la réunion
d'un grand nombre de citoyens vivant sous
des lois particulières ? Or, la qualité du citoyen
peut changer par la dissolution de la société
civile, par le renversement de sa constitution,
par l'abolition de son gouvernement, par la
réforme de ses lois ; mais l'homme, malgré
tous ces changemens qui se font à la suite de
la conquête, doit toujours rester sur le sol de
son pays natal , et sa condition devient meil-

leure ou pire, selon l'esprit du conquérant.
Les Perses furent heureux en passant sous la
domination d'*Alexandre*; les Mexicains de-
vinrent malheureux en passant sous le joug
de *Charles-Quint*. *Charlemagne* asservit les
Saxons; *Louis le-Débonnaire* les affranchit.
Les Romains dans le commencement rendirent libres les peuples esclaves; sur la fin
ils rendirent esclaves les peuples libres : et
de nos jours les Russes, étant venus au secours
des Italiens, les ont vexés par leurs rapines,
tandis que les Français en les soumettant
ont respecté leurs biens, leurs personnes et
leurs lois.

Sans doute qu'avant de faire la guerre les
princes devraient consulter les peuples qui
doivent en supporter le poids; mais pour
donner un cours plus libre à leurs rivalités
ils franchissent les bornes de leur puissance
par les actes de provocation les plus arbitraires. S'il fallait que les peuples votassent
la guerre avant que les princes pussent la
déclarer, la paix régnerait constamment dans
le monde : ils ne gagnent jamais rien
aux querelles de leurs souverains; ce sont
toujours eux qui doivent supporter les frais
et les pertes qu'elles occasionnent, et ils sont

bien étonnés de voir qu'ils deviennent souvent
ennemis sans raison légitime.

Tout se traite aujourd'hui dans le secret des cabinets, et les desseins des gouvernemens n'éclatent qu'au moment de l'exécution. Il n'en était pas de même chez les anciens : les Grecs dans les tems héroïques faisaient tout par eux-mêmes; ils étaient continuellement assemblés sur la place publique pour
traiter des affaires nationales : là ils fixaient
la somme des contributions et le nombre des
troupes que chaque ville devait fournir; des
esclaves cultivaient les terres, tandis que le
peuple ne s'occupait que de la liberté. Les
Romains dans le commencement de la république s'assemblaient au Champ-de-Mars
pour délibérer sur la guerre, sur la paix et
sur les subsides; il appartenait alors au peuple
de résoudre ce que le sénat proposait : mais
quand ils eurent formé une grande nation
par l'étendue de leurs conquêtes, ils ne purent
plus se réunir pour prendre des résolutions
actives dans les affaires du gouvernement; cependant ils ne durent pas moins toujours con-
firmer ce que les rois, et après eux les consuls,
avaient résolu. Quelque tems avant la première guerre punique, le sénat ayant voulu

faire la guerre malgré l'opposition des tribuns, le peuple romain régla qu'il aurait seul le droit de la déclarer : si quelquefois il se relâcha de ce principe, c'est que Rome par sa destinée devait s'agrandir sous la puissance de ses rois et de ses consuls. Les Hollandais après la fondation de leur république eurent une forme de gouvernement par laquelle nulle loi n'était portée, nulle levée d'impôts n'était faite, nul recrutement de troupes n'était ordonné sans le consentement des états-généraux, présidés par un gouverneur qui portait le nom de *stathouder*.

Reste à savoir s'il importe ou non que les affaires politiques se traitent dans le silence des cabinets : pour réussir elles demandent le secret. *Louis XIV*, ce conquérant fameux, ne confia le projet qu'il avait formé d'envahir les Pays-Bas qu'à *Turenne* et à *Louvois*. Il vaudrait mieux pourtant que les affaires politiques se traitassent publiquement, d'après le vœu immédiat de la nation, parce qu'alors il n'y aurait plus de guerres : mais il faudrait pour cela que la règle fût générale, c'est à dire que l'on consultât la voix du peuple dans chaque état.

Il est si peu douteux que les peuples de-

vraient décider de la guerre, que dans les
états despotiques il y a une loi constitution-
nelle qui établit ce droit national; mais il
est souvent méconnu. En Turquie l'empereur
est maître absolu dans son sérail, et cependant il n'a pas le droit d'augmenter les impôts, ni de lever des troupes sans le vœu de la
nation. *Marsigli* (auteur italien) dit que le
grand sultan est obligé de consulter l'état politique et militaire pour faire la guerre et la
paix; mais il s'affranchit très-souvent de cette
gêne. Eu Angleterre le roi est obligé de convo-
quer le parlement toutes les fois qu'il est question de lever de nouveaux subsides pour sub-
venir aux frais de la guerre; il y a pourtant
des exemples où, sans assembler le parlement,
le roi, ayant eu besoin d'argent, a emprunté
des particuliers, pour ne pas s'exposer à voir
sa demande rejetée. *Charles I*ᵉʳ se servit de
cette voie pour secourir l'électeur palatin
contre l'empereur d'Allemagne.

Mais qu'importe à un royaume d'empiéter
sur un autre royaume; cela peut-il rendre ses
habitans plus heureux? N'est-il pas indifférent
pour un peuple d'être plus ou moins nombreux?
N'est-il même pas plus avantageux pour lui de
vivre dans un empire plus resserré, puisque

l'administration y devient nécessairement moins compliquée et plus facile? Si un grand état a plus de ressources dans son sein, il a aussi plus de besoins; et quand le nombre des moyens diminue à mesure que celui des besoins augmente; quand les moyens ne peuvent bientôt plus suffire aux besoins, il vaut mieux alors vivre dans un petit état : ce n'est pas qu'un état trop petit n'ait ses inconvéniens; il faut en tout éviter les deux extrêmes : il serait donc important de donner à chaque royaume une dimension convenable. La France, par exemple, a un aspect plus riant et plus majestueux que le vaste et languissant empire de la Perse, et que le petit et faible royaume de Portugal; c'est un corps vigoureux dans toutes ses parties.

« Un état monarchique, dit *Montesquieu,* (1) doit être d'une grandeur médiocre : s'il était petit il se formerait en république; s'il était fort étendu les principaux de l'état, grands par eux-mêmes, n'étant point sous les yeux du prince, ayant leur cour hors de sa cour, assurés d'ailleurs contre les exécutions promptes par les lois et par les

(1) Esprit des Lois, liv. 8, chap. 17.

mœurs, pourraient cesser d'obéir; ils ne craindraient pas une punition trop lente et trop éloignée.

«. Aussi *Charlemagne* eut-il à peine fondé son empire qu'il fallut le diviser, soit que les gouverneurs des provinces n'obéissent pas, soit que pour les faire mieux obéir il fût nécessaire de partager l'empire en plusieurs royaumes.

« Les ennemis d'un grand prince qui a si long-tems régné, dit encore cet écrivain en parlant de *Louis XIV*, (1) l'ont mille fois accusé, plutôt, je crois, sur leurs craintes que sur leurs raisons, d'avoir formé et conduit le projet de la monarchie universelle : s'il y avait réussi rien n'aurait été plus fatal à l'Europe, à ses anciens sujets, à lui, à sa famille. Le ciel, qui connaît les vrais avantages, l'a mieux servi par des défaites qu'il ne l'aurait fait par des victoires; au lieu de le rendre le seul roi de l'Europe, il le favorisa plus en le rendant le plus puissant de tous. » On ne peut mieux faire sentir les inconvéniens qui résultent des grandes conquêtes, ainsi que des vastes états.

_____

(1) Esprit des lois, liv. 9, chap. 8.

La conquête d'un pays emporte avec elle la soumission de ses habitans ; ce sont deux choses inséparables, qui découlent du même principe. L'invasion d'un état par un autre état n'est qu'une augmentation de terréin et de peuple : autre chose serait si en se rendant maître d'un pays les habitans devaient en disparaître ; encore le conquérant deviendrait-il plus faible et plus exposé, parce qu'avec moins de sujets et de soldats il aurait plus de terrein à cultiver et une plus grande étendue de frontières à défendre. (1) La nature a posé des bornes, au-delà desquelles un empire devient trop vaste pour pouvoir se soutenir ; c'est du point juste et précis que dépend la vigueur de sa constitution. D'ailleurs, toutes choses égales, il serait très-indifférent que les habitans d'une région

---

(1) « Ce n'est point l'étendue d'un état qui fait le pouvoir et surtout le bonheur d'un monarque ; d'ailleurs on ne ravage pas le pays des autres sans ravager et affaiblir le sien ; ceux qui vont augmenter les friches dans les états voisins accroissent nécessairement celles de leur empire, écrasent leurs sujets, et se ruinent eux-mêmes... » *Encyclop. méthod.*, *Economie*, tom. 2, art. *Guerre.*

considérable formassent un seul peuple, ou qu'ils fussent distribués dans deux royaumes; qu'ils communiquassent civilement ou politiquement : mais si les avantages devaient se multiplier de chaque côté par la séparation civile et par la réunion politique des deux états, à raison de leur meilleur gouvernement, il vaudrait mieux alors qu'ils formassent deux peuples à part.

On m'objectera que la distribution d'un peuple dans deux états séparés pourrait multiplier les guerres des nations : je répondrai d'abord que mon intention n'est pas de partager un empire en deux, mais d'empêcher une invasion étrangère; je ne veux pas plus le resserrer que je ne veux l'agrandir. On doit faire attention que mon raisonnement suppose la conquête d'un état par un autre état : d'ailleurs, bien loin que l'accroissement d'un royaume par la voie des armes rendît plus rare la guerre étrangère, il la rendrait plus fréquente et même plus terrible, parce que le monarque aurait plus de moyens pour l'entreprendre, et moins d'obstacles pour l'empêcher : l'opposition d'un plus grand nombre de puissances les tient plus en échec les unes à l'égard des autres.

Le droit des gens interdit aux souverains de faire des invasions, comme le droit civil défend aux particuliers de commettre des usurpations : la loi naturelle veut que chacun dans sa condition jouisse paisiblement de ses biens; mais il y a pourtant cette différence que le premier de ces droits peut recevoir plus d'atteintes que le second, à raison de ce qu'il y a moins de garantie entre les princes de l'Europe qu'entre les particuliers d'un état.

Il arrive très-souvent qu'en vertu du droit des gens une puissance déclare la guerre à une autre puissance dans la seule vue de prévenir son agression; mais il arrive très-rarement qu'en vertu du droit civil un particulier attaque un autre particulier dans la seule vue de se défendre. En voici la raison : si dans le gouvernement civil les particuliers pour leur défense naturelle n'ont pas besoin d'attaquer, c'est qu'il y a des tribunaux auxquels ils peuvent recourir : ils n'ont le droit de repousser la force par la force que quand leur vie est en danger; par exemple, dans une fâcheuse rencontre : mais entre les états la défense nécessite quelquefois l'attaque, pour prévenir une destruction imminente; tel est le principe de la guerre étrangère : cela vient de ce que les lois du droit des gens, n'étant pas appuyées d'une force générale, ne sont pas bien observées.

Dans le droit civil comme dans le droit des gens il y a toujours un frein imposé au pouvoir arbitraire des gouvernemens par la loi ou par la force ; mais l'abus du pouvoir n'exerce pas moins son empire. Si dans les états orientaux les empereurs abusent trop de leur puissance, ils sont déposés par la violence des peuples ; mais cela n'empêche pas qu'ils n'aient pour successeurs d'autres despotes : on détruit les tyrans sans détruire la tyrannie, parce que le vice est au fond du gouvernement. En Turquie les grands visirs exercent la rapine ; mais ils n'y sont pas plus autorisés par les lois que les Morlaques en Europe et les Arabes en Asie ne le sont de piller les caravanes. Ainsi, malgré la défense des lois, malgré la réaction des peuples le mal s'opère toujours. En vain pour justifier les guerres étrangères les puissances nous mettront devant les yeux la patrie ; la patrie ne veut pas la destruction de ses enfans. Quel prestige de l'amour - propre ! quel délire de l'ambition ! A-t-on jamais eu besoin de faire la guerre à un prince paisible pour sauver la patrie des atteintes qu'il ne veut pas lui porter?

Mais quand un tribunal suprème, investi de la force publique, devra juger tous les différends des nations, et faire taire l'ambition des princes, alors on ne verra plus couler le sang humain; au lieu de se battre les états n'auront qu'à recourir à ce tribunal auguste, dépositaire des lois, pour obtenir prompte satisfaction : ils n'auront pas, comme les particuliers, tant à craindre les rencontres individuelles, attendu l'immobilité de leur masse physique; ce qui assurera encore l'observation du droit des gens; ils auront seulement à redouter sur mer les insultes qu'on pourra faire à leurs pavillons; mais sur la plainte justifiée des assaillis le gouvernement politique ordonnera aux assaillans de réparer leur tort : ainsi, les princes ne pourront plus se fonder sur des principes arbitraires de gloire et d'orgueil, parce qu'ils craindront la justice nationale; alors, s'ils ont de justes prétentions, ils les soumettront aux juges souverains, et s'ils n'ont que des droits supposés ils n'oseront les mettre au jour.

Il est question de savoir comment une puissance prouvera les torts qu'on lui aura faits : il n'est pas possible d'avoir, dans les différends qui s'éleveront entre les peuples, soit à raison de leurs prétentions, soit à raison de leurs usurpations, une preuve testimoniale aussi complète et aussi convaincante que celle qu'on peut avoir dans les différends qui s'élèvent entre les citoyens ; car comme un individu vaut un autre individu aux yeux de la loi, l'aveu désintéressé de deux témoins qui déposent devant un simple tribunal a plus de poids que le désaveu intéressé de la partie accusée. Or, pour avoir à l'égard des affaires nationales une preuve équivalente à celle qu'on peut avoir à l'égard des affaires particulières, il faudrait que le peuple en corps pût déposer comme témoin oculaire sur le fait dont il sera question, parce qu'il s'agit ici d'un peuple avec un autre peuple, c'est à dire de deux êtres collectifs ; chose physiquement impossible. Il y a plus ; comme la loi du droit civil récuse le témoignage des parens, celle du droit des gens doit récuser les témoins de la même nation ; ce qui rend par conséquent le témoignage entièrement nul à l'égard des peuples.

Puisque par la nature de la chose on ne peut

avoir dans les spoliations de peuple à peuple
la preuve entière du délit, on doit se contenter
de la demi-preuve pour avoir une conviction
suffisante : il faut donc que le fait se constate
par la seule preuve matérielle, et non par
des déclarations testimoniales ; par la recon-
naissance de l'objet enlevé, et non par les
circonstances qui ont accompagné son enlè-
vement. Il suffit de découvrir ou de reconnaître la matière du vol, c'est à dire la propriété du réclamant, pour avoir la pleine
conviction du délit : cette pratique, quelque
imparfaite qu'elle paraisse, est peut-être plus
sûre pour parvenir à la certitude du fait que
celle de la preuve par témoins ; c'est une langue
de signe, qui est toujours véridique, au lieu
que celle de l'homme ne dit pas toujours la
vérité ; car aujourd'hui les témoins sont si cor-
ruptibles qu'ils déposent sans scrupule contre
leur conscience.

Cette procédure en matière d'usurpation
entre peuples est plus simple et plus solide que
notre procédure en matière de vol particulier ; sans preuve testimoniale elle reconnaît les infracteurs du droit des gens, parce
que les objets de l'usurpation sont trop volu-
mineux pour pouvoir être soustraits aux pour-

suites de la justice européenne, tandis que nos
lois criminelles demandent des témoins pour
découvrir les infracteurs du droit civil, qui
échappent souvent à la vindicte publique en
cachant les choses qu'ils ont enlevées. La loi
du droit des gens agit plus en vertu de
l'objet principal, qui est la matière du délit,
et la loi du droit civil agit plus en vertu de
l'objet accessoire, qui est la preuve testimoniale pour découvrir le coupable; d'où
il résulte que les incidens qu'on fait naître
dans nos procédures dérobent souvent le
crime aux yeux des magistrats. Pourquoi
donc dans les cas contradictoires les tribunaux de département ont-ils besoin de témoins pour condamner ou absoudre, tandis
que le tribunal suprême de l'Europe n'en
aura pas besoin? C'est que, les citoyens de
chaque état se trouvant beaucoup plus nombreux, et ayant entr'eux plus de fréquentation
que les peuples de l'Europe, les jalousies, les
haines et les vengeances peuvent faire supposer contre l'innocent bien des sujets d'incul-
pation que l'exigence des témoins peut dissiper;
mais ces témoins, déguisant, comme nous
l'avons dit, très-souvent la vérité, trompent
l'intention des législateurs: d'après cela on doit

voir combien il sera facile de découvrir les usurpations nationales, par la seule preuve matérielle du délit.

Quant à l'attaque, il serait impossible à un peuple de pouvoir la prouver sans témoins, parce qu'il n'y a aucun signe matériel qui puisse la faire reconnaître. Suivant toutes les présomptions le plus fort doit être l'agresseur; mais comme il peut arriver que le défenseur, quoique plus faible, sorte victorieux du combat à la faveur des circonstances ou de l'adresse, on ne peut pas assurer positivement que celui qui a fait sur mer la prise de quelques vaisseaux ennemis ait engagé le combat naval; on ne peut d'ailleurs porter aucun jugement sur une simple présomption, parce que la loi ne présume pas.

Au reste, quoique l'agression, qui est toujours le commencement de la guerre, ne puisse être prouvée ni contre l'une ni contre l'autre des puissances belligérantes, elle s'anéantira pourtant de chaque côté lorsque le vainqueur sera tenu de restituer dans son intégrité ce qu'il aura enlevé au vaincu; car, comme ce n'est que par l'appât du gain qu'on fait la guerre, nul ne voudra se battre en pure perte; et il faudrait supposer l'homme bien

méchant pour croire qu'il fait le mal pour le
seul plaisir de le faire : d'ailleurs il ne le ferait certainement pas impunément; car, pour
me servir de l'expression vulgaire, *dans une*
bataille quiconque donne des coups en
reçoit. Or, il arrive ici que nous détruisons
le principe de la guerre en rendant nul son
résultat; pratique diamétralement opposée
à celle du raisonnement, où l'on annihile
la conséquence en détruisant les prémisses.
Telle sera donc l'importance des fonctions de
ces souverains juges, qu'ils réfréneront les
puiss nces en les contenant dans leurs bornes
respectives.

Par la sévérité de sa justice ce tribunal
suprême obligera les princes à s'entourer de
jurisconsultes savans, de personnes sages pour
les diriger dans les affaires politiques : c'est
alors qu'à l'exemple des *Antonin*, des *Titus,*
des *Marc-Aurèle* ils ne s'attacheront plus
que d'honnêtes gens, que d'amis fidèles; ils
n'auront plus pour conseillers et pour ministres que des hommes pleins de vertus, de
talens et d'équité; ils sauront alors que la
justice est la sauve-garde des gouvernemens;
que la justice proscrit les usurpations, les
perfidies entre les nations; qu'elle rend les lois

du droit des gens, comme les lois du droit
civil, inviolables et sacrées; qu'elle maintient
la concorde entre les divers peuples comme
entre les différens particuliers; ils sauront
enfin que la justice seule peut rendre heureux les états qu'ils gouvernent : alors ils
n'entreprendront plus de guerres désastreuses
pour courir après le fantôme d'une vaine
gloire.

Je ne pourrais faire sentir tous les avantages
qui résulteront de ce corps judiciaire dans
le gouvernement politique : tous ses membres
s'appliqueront à l'envi à résoudre les questions du droit public avec une équité digne
de leur caractère; chacun d'eux pésera dans
la balance de la justice les raisons pour et
contre les diverses prétentions des états européens. Les puissances, au lieu d'être belligérantes, seront alors litigérantes; leurs différends ne seront plus décidés par la force des
armes, mais par le droit des gens; elles n'ar-
roseront plus de sang le terrein qui pourra
faire le sujet de leurs querelles; elles ne ré-
duiront plus dans l'esclavage des peuples sur
lesquels elles n'ont aucun droit : *Mars* alors
redoutera les arrêts foudroyans de *Thémis*.

L'érection du tribunal national vaudra in-

3.   14

finiment mieux encore que l'institution du collège des féciaux établi chez les Romains dans le commencement de la république pour juger si la guerre qu'ils devaient entreprendre était juste. Il était certainement beau que la guerre ne fût déclarée qu'après avoir fait cet examen d'équité, et surtout après avoir épuisé les voies conciliatrices; mais il pouvait arriver que les décisions du collège fécial ne fussent pas toujours droites, soit à cause de l'influence que pouvaient avoir sur ses délibérations le sénat et le peuple, soit par l'intérêt personnel qui pouvait éblouir les yeux de ces magistrats; car en se rendant seuls juges dans leur cause il était très-dangereux que les Romains ne se fissent une illusion favorable, et ne prissent pour des raisons bien fondées ce qui n'était que de vains prétextes, et pour des droits légitimes ce qui n'était que de fausses prétentions. Au contraire le tribunal suprême demeurera toujours impassible comme la loi, parce qu'il sera composé de juges de chaque nation européenne qui auront chacun un intérêt particulier à être équitables. Il y a aussi cette différence que par des arrêts irréfragables le tribunal de l'Europe jugera souverainement toutes les affaires nationales sans qu'il se répande une goutte de sang, tandis que sur l'avis du collège des féciaux les Romains étaient souvent obligés de décider leurs différends par la voie des armes.

Le conseil aulique (ou d'état) des princes modernes est en quelque sorte comparable au conseil des féciaux romains ; il examine les questions de droit public qui se présentent sous un rapport toujours avantageux ; et comme de chaque côté on se donne un droit arbitraire, il arrive que les rois doivent juger leurs différends par la voie des armes : ainsi, après la mort de *Philippe IV*, arrivée en 1667, *Louis XIV*, prétendant que la Flandre et la Franche-Comté, provinces du royaume d'Espagne, devaient revenir à sa femme *Marie-Thérèse*, fille que ce même *Philippe* avait eue de son premier mariage avec la sœur de *Louis XIII*, fit examiner ses droits par son conseil, qui les jugea incontestables : mais le conseil de *Marie-Anne d'Autriche*, seconde femme survivante de *Philippe IV*, et mère de *Charles II*, trouvait les droits de *Louis XIV* mal fondés. Cette veuve avait pour elle les lois de *Charles-Quint ;* mais les lois de *Charles-Quint*, dit *Vol-*

taire, (1) n'avaient guère de force dans
la cour de France. Les deux puissances com-
battirent d'abord par des écrits ; mais
Louis XIV, comptant encore plus sur ses
armes que sur ses paroles, marcha avec des
troupes nombreuses, et s'empara de ces deux
provinces.

Si la cause de ces deux puissances avait pu
se juger par des lois claires à un tribunal suprême tel que celui qui est proposé,
la guerre n'aurait certainement pas eu lieu
entr'elles, et la justice eût été rendue sans
effusion de sang. La mésintelligence ne règne souvent entre les puissances que parce
qu'on manque de lois précises sur le droit
des gens : il faut qu'il y ait dans l'Europe
un code national qui renferme toutes les
questions de droit public, et les différentes
peines que doivent subir ses infracteurs.

Chaque royaume a un code pénal pour
la repression des délits qui se commettent
contre le droit civil et politique : il y a, selon
la nature de ces délits, des peines correction-
nelles, infamantes et afflictives qui doivent
s'appliquer dans une proportion analogue à
la gravité du crime : mais l'univers n'a pas

___

(1) Essai sur l'Hist. gén., tom. 7, chap. 172.

un code pénal pour la repression des délits
qui se commettent contre le droit des gens;
c'est ce qui fait que les souverains, pour
faire la guerre, se fondent ordinairement
sur des principes arbitraires de gloire, d'ambition et d'orgueil : cela vient de ce qu'on n'a
pas établi dans l'Europe un gouvernement
politique qui garantisse entr'eux tous les
peuples, comme on a établi dans chaque état
un gouvernement civil qui garantit entre
eux tous les particuliers.

Comme il n'y a pas de lois positives ou for-
melles sur le droit des gens, les princes sont
eux-mêmes leur règle; ils suivent leurs caprices avec autant de liberté que les grands
sultans suivent les leurs dans le droit civil et
politique. Si à Rome, pour faire disparaître
l'inconvénient des jugemens arbitraires que
les premiers consuls rendirent contre les citoyens, on fit des lois précises pour les diriger, combien il est plus nécessaire encore
d'en établir dans l'Europe pour diriger le tribunal suprême! car le tribunal romain était
composé de magistrats de la même ville, qui
devaient prononcer sur les différends de leurs
concitoyens, avec lesquels ils étaient plus particulièrement liés; au lieu que le tribunal

Européen sera composé de juges de chaque nation qui devront prononcer sur les différends des peuples, auxquels ils seront moins particulièrement attachés.

Il s'agit à présent de prescrire l'ordre que ces grands juges suivront dans l'exercice de leurs fonctions. Le voici : ce tribunal auguste procédera au jugement des différends nationaux de deux manières ; avec tous ses membres réunis en corps s'il s'agit d'une affaire générale, c'est à dire qui intéresse tous les états ; ou seulement avec une partie de ses membres réunis en comité s'il s'agit d'une affaire particulière, c'est à dire qui ne regarde que quelques nations : dans ce dernier cas l'on appellera les juges des peuples qui ne seront pas intéressés, afin que leurs fonctions soient égales pour tous ; et il est à croire que dans un tribunal composé d'hommes si sages, si éclairés et si vertueux les opinions des juges, émises secrètement, seront toujours saines, et qu'ils distribueront la justice sans aucune prévention, ne fût - ce que pour échapper à l'œil sévère des gouvernemens européens.

Ce sera pardevant ces souverains magistrats que les princes de l'Europe passeront

leurs conventions, leurs traités, leurs accords; et pour rendre plus inviolable la foi
de leurs promesses le dieu des armées sera
le témoin qu'ils prendront de leurs engagemens. Les troupes qu'ils établiront pour faire
observer les lois du droit des gens seront les
conservatrices perpétuelles de la paix générale.
Voilà quels seront les garans de l'union inaltérable qui doit régner entre les nations et
les monarques.

Ces grands juges nationaux auront dans
l'exercice de leurs fonctions l'équité de
Minos et la sévérité de *Rhadamante ;* ils
seront consacrés à la déesse *Thémis*, comme
les vierges romaines l'étaient à la déesse
Vesta ; ils garderont le dépôt de la justice
nationale dans le temple de la Concorde,
comme elles gardaient celui du feu sacré dans
le temple de la Chasteté; et, à l'exemple de
ces Vestales, celui d'entr'eux qui se laissera
corrompre devra être enseveli tout vif par
arrêt de la déesse *Némésis.*

Mais quel intérêt un corps de magistrats si
auguste, l'élite de tous ceux qui auront blan-
chi dans la pourpre, pourrait-il avoir à prononcer une sentence contraire au droit des
gens? Pourquoi chacun de ses membres, admis

au jugement des causes des nations et des rois,
prévariquerait-il dans ses graves fonctions?
L'homme ne se déprave pas pour le seul plaisir
de se dépraver; et s'il était possible qu'il y eût
sur ce trône d'équité quelque magistrat dont
les sentimens ne fussent pas véritablement
purs, il serait bientôt signalé par ses collègues :
mais la délicatesse, ou plutôt l'intégrité de
ces juges augmentera à proportion de ce qu'ils
prononceront sur de plus grands intérêts, et
leurs jugemens seront simples comme ceux
du sage *Salomon*.

Ces juges des peuples et des rois, essentiellement attachés à la vertu, administreront
la justice avec un zèle admirable; ils sen-
tiront qu'ayant travaillé au code national ils
devront en être les premiers observateurs ;
ils sauront qu'il ne pourra y avoir pour
eux nulle excuse, nulle dispense quand ils
auront donné la règle de leurs devoirs en
rédigeant les lois qu'ils devront appliquer
à l'égard des peuples. Certes, il serait indigne de leur caractère qu'ils n'eussent pas la
force d'exécuter ce qu'ils auront eux-mêmes
prescrit; ils penseront enfin que si jamais
ils se trouvaient en contradiction dans leurs
sublimes fonctions ils auraient en même tems

à rougir de ce qu'ils auraient fait et de ce qu'ils auraient dit; et, en jugeant aussi sévèrement de leurs obligations, ils seront souvent dispensés de juger les souverains des nations, qui, voyant la rigidité de ce tribunal, observeront plus ponctuellement les lois.

Il faut distinguer deux sortes de cas qui peuvent être soumis au jugement du tribunal suprême : les premiers sont ceux qui seront prévus, lesquels ne seront pas difficiles à juger, puisqu'il ne s'agira que de faire l'application des lois; les seconds, imprévus, auront lieu quand il sera question d'un fait ou d'un droit particulier sur un point qui n'aura pas été réglé par un accord général: mais comment le tribunal procédera-t-il à leur jugement? L'affaire deviendra alors contentieuse, et les juges nationaux jugeront, en se rapprochant autant que possible de l'esprit de la loi, et surtout des principes de la justice: d'un côté le magistrat s'expliquera pour la loi, et de l'autre la loi s'expliquera pour le magistrat.

Dans toutes les affaires où la loi du droit des gens sera muette, c'est à dire dans tous les cas inopinés, chacun des juges avant de

rien prononcer devra consulter sa conscience; et en rentrant ainsi dans lui-même il.
trouvera au fond de son cœur une conduite
toute tracée pour parvenir au but de l'immuable justice. C'est ici que l'intégrité du
magistrat doit se montrer dans son jour,
parce qu'il n'a de règle que sa volonté; que
sa vertu doit paraître sans mélange, parce
qu'il est livré entièrement à lui-même; et
que sa sagesse doit être à l'épreuve, parce
qu'il agit dans toute sa liberté. Ici l'intention
du juge doit accomplir l'intention de la loi
dont il tient la place; ici le juge doit parler
à l'instant du jugement comme la loi aurait
parlé si elle s'était expliquée; ici, en un mot,
la décision que le tribunal portera doit sortir
de la bouche de chaque juge comme elle sor-
tirait de la bouche même de la loi; c'est à
dire que le jugement doit découler de la nature du cas auquel il s'applique; de manière
qu'on voie bien clairement l'expression de la
loi, et non celle de ses ministres; et si
jamais il arrivait que la volonté du juge fût
contraire à la volonté de la loi, pour lors on
tomberait dans la plus grande des tyrannies,
parce que les jugemens les plus iniques seraient en quelque façon légalisés. Chaque

juge doit donc faire en sorte que son opinion soit l'expression fidelle de la volonté nationale.

Il y a aussi les cas explicites et les cas implicites qu'il importe de distinguer : les premiers sont ceux sur lesquels la loi s'explique d'elle-même sans aucun commentaire, parce qu'ils sont clairement énoncés dans une proposition particulière ; et les seconds sont ceux qui ont besoin d'une interprétation étrangère, parce qu'ils sont renfermés tacitement dans une proposition générale : ceux-ci prêtent beaucoup à l'arbitraire des magistrats, et sont susceptibles de bien des variations, tandis que les autres, ne dépendant absolument que de la loi, sont d'une nature invariable. Or, c'est une imperfection de la loi qu'elle ne s'explique pas d'une manière claire ; c'en est encore une qu'elle soit diffuse, ou autrement pleine de redondances : il faut que la loi soit précise, c'est à dire qu'elle mette le mot nécessaire sans mettre le mot superflu : si par trop de contraction elle devient obscure, le juge la fera parler comme il voudra ; si par trop d'extension elle devient diffuse le juge parlera encore arbitrairement pour elle. La loi doit donc être débarrassée

de tout ce qui peut la rendre prolixe ou obscure, louche ou équivoque; c'est à dire qu'elle
doit avoir la concision seulement convenable:
c'est de la clarté qu'il s'agit.

Comme par sa nature la justice est une, et
que ses principes sont invariables, chaque
juge doit faire en sorte que l'opinion qu'il
émet dans un jugement soit conforme non-
seulement à la volonté de tout le tribunal,
mais encore à celle du corps législatif: s'il
s'écarte de ce principe il agira contre la loi,
c'est à dire contre l'expression de la volonté
générale; ce sera alors une opinion particulière qui se séparera de l'opinion commune,
pour devenir attentatoire au droit des gens. Le
premier devoir du magistrat est de respecter
la loi pour la rendre respectable à tout le
monde; en remplissant ce point capital il
remplira tous les autres.

Mais dans les affaires qui regarderont tous
les états européens ces juges nationaux pro-
nonceront-ils avec impartialité? Ne faudrait-
il pas alors recourir à des juges étrangers, à
des jurisconsultes tirés d'une autre partie du
monde, de l'Asie, de l'Afrique ou de l'Amérique, pour avoir des jugemens équitables?

Non; quand la justice sera rendue également à chacun par tous, les décisions du tribunal ne pourront être que justes; jamais elles ne seront contraires au bien commun. (On sent ici combien l'égale représentation des états est importante pour conserver leurs droits respectifs.) En effet, quand chaque juge opinera dans une affaire générale sur un cas même imprévu il dirigera certainement son suffrage sur la règle du droit public, parce qu'il sera persuadé que dans un tribunal si auguste, fait pour répartir également la justice aux différentes nations, chacun des autres juges émettra une opinion conforme à l'équité : pour lors il n'y aura aucun membre du tribunal qui n'eût honte de détourner inutilement son suffrage de l'opinion commune; son propre intérêt lui en fera même une défense rigoureuse; il saura que si aujourd'hui il va stipuler la justice en faveur d'un autre peuple, demain ses collègues stipuleront la justice en faveur du sien. D'ailleurs, qui pourra mieux décider les cas généraux, les cas imprévus que ces juges européens, ces juges naturels qui seront également intéressés à la chose commune ? En vain nous opposerait - on la partialité dans les affaires d'un intérêt général, puisque le bien de chaque état n'est autre chose que le bien de tous. Dans les tribunaux civils chaque particulier du même état est jugé par des juges qui sont ses compatriotes; leurs jugemens sont-ils pour cela moins impartiaux? Ne serait-il pas ridicule d'appeler des juges étrangers pour prononcer sur les différends des citoyens? Il est vrai que la loi exclut les parens des parties, attendu que la parenté pourrait influer dans les jugemens; mais ici l'intérêt que chaque juge prendra à son pays ne l'empêchera pas d'émettre une opinion juste et équitable dans les affaires générales; et s'il pouvait arriver qu'il opinât mal à propos, il aurait contre lui tous les autres juges.

En France le code du droit civil veut que les places de judicature soient occupées par des personnes domiciliées dans le ressort du tribunal. Dans la Chine, au contraire, les lois ordonnent que personne ne soit juge dans sa province. La loi française se repose sur la fidélité de ses habitans, et cherche l'impartialité dans des juges indigènes : la loi chinoise tient pour suspects ses citoyens, et cherche l'impartialité dans des juges étrangers.

Ces deux lois ont pour but l'exacte distribution de la justice; mais elles y vont par une route différente : la première suppose bons tous les citoyens de son arrondissement, et la seconde les suppose mauvais. Si l'on demande quelle est la meilleure de ces lois, je pense que, toutes choses égales, c'est à dire y ayant de part et d'autre la même impartialité, celle-là est préférable qui a plus en vue le rapprochement des justiciers avec les justiciables; il vaut mieux que la justice soit administrée par des juges du pays que par des juges étrangers. En Flandre et dans le Brabant on ne pouvait donner les emplois à d'autres qu'à des régnicoles.

Autre chose serait s'il était question de donner un législateur et des magistrats à un peuple sauvage ou corrompu dans ses mœurs; car alors il faudrait chercher dans un pays étranger des hommes sages et éclairés qui fussent capables de former de bonnes institutions, et de bien administrer l'état. C'est ainsi que le sage *Locke* a été appelé pour donner des lois aux habitans de la Caroline, et que *Guillaume Penn* a été chargé d'établir dans la Pensylvanie une forme de gouvernement équitable : c'est ainsi que long-tems après la

même colonie, s'étant soustraite à la domination anglaise avec douze autres de la Terre-
Ferme, a prié, en 1776, le vertueux *Franklin*
de lui donner une bonne constitution, et que
Pierre-le-Grand a eu recours au génie d'un
genévois, (1) et d'une foule de Français pour
civiliser les Russes.

Pour observer le droit des gens le tribunal suprême doit être composé également
de juges de chaque nation européenne; la
représentation des états sera alors générale:
on peut comparer ce tribunal, sauf la différence de la grandeur des attributions, à un

---

(1) « Le hasard fit qu'un jeune genévois, nommé
Lefort, était à Moscou chez un ambassadeur danois vers
l'an 1695. Le czar *Pierre* avait alors dix-neuf ans:
il vit ce genévois qui avait appris en peu de tems
la langue russe, et qui parlait presque toutes celles
de l'Europe; *Lefort* plut beaucoup au prince; il entra
dans son service, et bientôt après dans sa familiarité.
Il lui fit comprendre qu'il y avait une autre manière
de vivre et de régner que celle qui était malheureusement établie de tous les tems dans son vaste empire; et sans ce genévois la Russie serait encore barbare. » *Voltaire*, Anecdotes sur le czar *Pierre-le-
Grand*.

tribunal civil; c'est à dire qu'il aura aussi ses justiciables.

La loi du droit des gens, qui appelle pour la composition du tribunal suprême des juges de chaque nation de l'Europe, est conforme à celle du droit civil français qui veut que chaque tribunal de district soit composé de juges pris dans son ressort : il y a pourtant cette distinction que le tribunal civil peut connaître aussi des affaires qui regardent des justiciables d'un autre district s'ils demandent justice, ou si les biens litigieux sont situés dans sa juridiction; au lieu que le tribunal suprême ne pourra guère juger que les affaires qui regarderont ses propres justiciables, attendu qu'il embrassera tous les états de l'Europe. Il est vrai que les Européens pourraient avoir des démêlés avec les Africains, les Asiatiques et les Américains, comme les habitans d'un royaume peuvent avoir des différends avec ceux d'un autre royaume; mais dans ce cas, qui ne peut être que rare, ils pourraient les soumettre à la décision de juges tirés d'une des autres parties du monde non intéressées.

Ce tribunal suprême sera donc composé de juges de tous les peuples européens, et cependant ils seront par leur impassibilité

3. 15

comme étrangers à ces mêmes peuples ; ni les
jalousies, ni les haines, ni les prédilections,
ni les préférences, qui accompagnent ordinairement le magistrat dans ses fonctions,
n'auront point de prise sur ce corps majestueux. Un juge français et un juge espagnol,
un juge suédois et un juge allemand, un
juge prussien et un juge moscovite, un juge
danois et un juge turc, un juge hollandais et
un juge suisse seront tous des hommes qui
auront assez de lumières pour connaître les
droits respectifs de leurs pays, et assez de
droiture pour les observer, sans qu'ils aient
assez de liberté pour les enfreindre ; ils mar-
cheront à l'envi dans la voie de la justice
par un amour réciproque, et leurs décisions
auront toujours un véritable caractère d'équité
universelle. Quel tribunal plus auguste a-t-il
jamais prononcé sur les différends nationaux !

Quoique ce tribunal soit composé par le
fait de juges de nations différentes, il n'y
aura pourtant qu'un même esprit dans le
même corps ; leurs sentimens seront toujours
uns et indivisibles dans les causes sur lesquelles ils devront souverainement prononcer.
Comme ils seront tous très-éclairés et très-
vertueux, ils se communiqueront également

leurs lumières et leurs vertus sans réserve et sans déguisement de part et d'autre, et composeront un corps de magistrats tel qu'on n'en a jamais vu de si imposant dans le monde.

Quoique le tribunal suprême soit composé de juges très - intègres, pour donner encore plus de rectitude aux jugemens qu'il portera sur les différends nationaux et royaux il faudra qu'il soit soumis à la ratification du congrès, qui les fera exécuter par le protectorat. Cette condition essentielle rendra les juges sévèrement attentifs à leurs devoirs, et formera une nouvelle liaison entre les trois pouvoirs *intrinsèques* du gouvernement politique.

Les juges de ce tribunal respectable exerceront encore des fonctions conciliatrices les uns à l'égard des autres sur les prétentions des états qui les auront élus : rien de plus beau dans cette institution que chacun de ces magistrats puisse travailler tour à tour à concilier les autres dans leurs différends sur des choses qui ne regarderont point sa nation ou son prince. Il y a bien des peuples qui ont fait juger leurs différends par des hommes éclairés de leur choix; bien des

souverains qui ont eu recours à d'autres souverains pour décider leurs prétentions. Les
Suisses soumirent au jugement de *Charles IV*
leurs contestations avec le duc d'Autriche
touchant les cantons de Zuy et de Glaris.
Henri IV devint le juge du différend qui
s'éleva entre le pape *Paul V* et le sénat
de Venise. *Louis IX,* roi de France, fut
choisi par *Henri III*, roi d'Angleterre, et
ses barons, pour décider leurs querelles. Le
cardinal *Wolsey* fut constitué par *Henri VIII*
et *François Ier* seul arbitre de leurs affaires
réciproques.

Cette coutume était vraiment admirable,
puisqu'elle épargnait le sang humain; mais
le bien qui en résultait n'était qu'accidentel,
parce qu'il n'y avait pas d'institution expresse; cela n'arrivait qu'à peu de nations,
qu'à peu de souverains, et après de longs
intervalles. Il fallait un concours heureux
de circonstances pour opérer ce bienfait de
l'humanité, qui n'a pas eu beaucoup d'imita-
teurs; mais une magistrature qui ne sera pas
une fois seulement avare du sang des peuples,
mais qui l'épargnera toutes les fois qu'il
naîtra des contestations entre les états; qui
stipulera en faveur du genre humain, non

pas pour un moment, mais pour toujours; qui sera plus jalouse de concilier les nations que de juger leurs différends; qui ne jugera que quand elle n'aura pu concilier; qui préviendra même tous les procès, toutes les altercations quand elle pourra les prévenir; cette institution, dis-je, ne pourra être que favorable aux princes et aux peuples.

Cette magistrature sera d'autant plus utile qu'elle terminera promptement et paisiblement toutes les affaires nationales : or, puisqu'elle est d'une utilité si reconnue, il est à croire que les souverains ne refuseront pas de l'établir : quelle est la raison qui pourrait les en empêcher? Il n'y en a aucune, de quelque manière qu'on envisage la chose. Ou la prétention de celui qui entreprend la guerre est juste, ou elle ne l'est pas; si elle n'est pas juste, y a-t-il rien de plus odieux et de plus horrible que de vouloir sans raison attenter à la propriété des autres? Si, au contraire, elle est juste, ne vaut-il pas mieux qu'elle se décide par le jugement d'un tribunal éclairé et équitable que par la voie incertaine des armes : par ce moyen le sang des hommes sera conservé, et les dépenses énormes de la guerre seront épargnées; car les frais

qu'elle nécessite sont immenses, ruineux et en
pure perte pour chacune des puissances belligérantes, tandis que dans le système du gouvernement politique le jugement du tribunal
suprême sera peu dispendieux pour les nations; en effet, qu'on calcule à quoi se mon-
tent les dommages occasionnés par ces guerres
qui désolent depuis tant d'années les états
de l'Europe, et l'on verra qu'ils ont coûté
peut-être plus que ne vaut l'Europe entière.

Le droit des gens, qui n'est que le droit
de l'humanité fondé sur les premiers principes de la nature et de la morale, servira
de guide aux juges européens; c'est par ses
règles qu'ils devront décider tous les différends
nationaux; leurs fonctions à cet égard seront
d'autant plus sacrées, que pour les bien remplir ils devront terminer toutes les querelles
qui s'élèveront entre les puissances par la
voie de la conciliation quand ils n'auront pu
les prévenir, et par celle du jugement quand
ils n'auront pu les concilier.

Le tribunal suprême consignera dans un
registre particulier toutes les décisions qu'il
portera sur les différends des peuples; il énon-

cera sommairement les questions, et donnera
les motifs de ses jugemens; tous les actes,
tant décisifs que conciliatoires, qui émaneront de son ministère, seront écrits en langue latine, d'une manière claire et précise;
ce qui formera comme une suite du droit
public de l'Europe.

Il serait très-utile que tous les ans à une
époque marquée ces magistrats suprêmes ou-
vrissent le livre dans lequel seront écrites toutes
les infractions faites au droit des gens, et
qu'ils les publiassent en présence du congrès
et de tous les souverains de l'Europe, pour
faire connaître les infracteurs de ces saintes
lois : alors, comme des censeurs publics, ils
réprimandraient ceux qui auraient osé porter
une main sacrilège sur le grand code des
nations.

Mais aucun prince n'osera porter atteinte
au droit des gens quand la plus légère infraction sera jugée avec rigueur par ce tribunal suprême; aucun roi n'osera plus se
rendre coupable de la moindre faute quand
ce tribunal auguste la proclamera à la honte
de celui qui l'aura commise, afin de faire voir
à toutes les nations que rien n'échappe à

l'œil sévère du gouvernement politique.
Exemple terrible de la justice nationale
pour tous les souverains qui oseraient trans-
gresser ces saintes lois !

Pour rendre la paix encore plus solide
il importerait que tous les souverains de
l'Europe, annuellement rassemblés, renou-
velassent leur alliance par un serment solen-
nel prononcé au nom de l'Eternel devant les
autorités pacifiques, afin de raffermir l'amitié
promise : c'est alors que tous les états, sous
différens noms et divers chefs, ne formeraient
pour ainsi dire plus qu'un seul peuple, qu'une
même famille répandue sur la terre : alors
les princes, se conduisant par les règles de la
justice, généraliseraient leurs bienfaits envers
toutes les nations, et ne seraient plus seulement les protecteurs, les amis de leurs sujets,
mais de tous les hommes sans exception.

Mais en cas de résistance par quel moyen
le tribunal suprême fera-t-il exécuter ses
decisions? Ce ne pourra être que par la force
publique dirigée selon les lois nationales contre
les gouvernemens rebelles, s'il est vrai qu'il
puisse y en avoir : or, c'est précisément cette
force indispensable pour faire mouvoir le

corps politique que les souverains doivent donner au gouvernement Européen. (1)

On doit sentir ici combien il importe d'établir un pouvoir qui agisse en tout tems et en tous lieux, qui voie tout, et dont les ordres soient rigoureusement exécutés quand il s'agira de l'observation des lois. N'en soyez pas effrayés gouvernans des empires ; travaillez tous de concert à l'institution du gouvernement politique , et choisissez des gens probes, éclairés et vertueux pour ses magistrats. Jamais plus grande entreprise ne s'est présentée à l'esprit des législateurs; il s'agit de donner des lois à l'Europe pour la pacifiation des peuples : mais quelque bonnes que ces lois soient en elles-mêmes, il faut qu'elles s'exécutent envers tous les gouvernemens par le moyen d'une puissance qui ait

_____

(1) Comme les états forment séparément des puissances particulières qui se balancent entr'elles , ils ne peuvent se maintenir en paix que par la force contre la force : toutes les nations doivent donc avoir une armée commune formée et entretenue par chacune d'elles sous la direction d'une autorité capable de pourvoir à leur sûreté.

une force capable de réprimer leurs infracteurs : or, cette puissance douée de cette
force je vais la créer en instituant le protectorat.

CHAPITRE VI.

Protectorat. Force et Exécution.

Nous arrivons enfin au protectorat, puissance politique et militaire qui doit s'exercer avec éclat, parce qu'il s'agit d'empêcher les outrages des peuples plutôt que de les venger; de contenir les gouvernemens dans leurs bornes plutôt que de les réprimer : mais comment composer cette haute magistrature sans danger pour les souverains? La confiera-t-on à plusieurs membres? Sera-t-elle fixe, permanente, amovible?

Cette puissance protectorale ou protectrice doit être remise entre les mains d'un seul officier qui sera revêtu de la force armée, (1)

---

(1) La force publique du gouvernement Européen doit être réunie sous une seule et même autorité; car une distribution de forces appartenant à différens chefs tendrait à détruire le corps politique; elle diviserait nécessairement les états entr'eux, et les rendrait ennemis : ce serait une force fédérative toujours susceptible de désunion, parce qu'elle ne serait pas assez concentrée.

parce qu'il s'agira toujours d'une prompte exécution quand il faudra arrêter les entreprises d'une nation contre l'autre : c'est ici que l'excellence du choix doit suppléer à l'unité de la personne, le génie de l'homme au défaut de coadjuteur, le mérite du magistrat à l'importance de la magistrature.

Pour donner à ce pouvoir un lieu convenable à sa résidence il faut le placer à côté du congrès et du tribunal, afin qu'il puisse exécuter leurs ordres avec la plus grande célérité : par ce moyen il recevra directement les avis, les réglemens et les résolutions du premier; les arrêts, les jugemens et les actes conciliatoires du second. Ce pouvoir servira ainsi de liaison aux deux autres pouvoirs *intrinsèques* du gouvernement; sa session sera permanente, afin qu'il puisse agir en tout tems et en tous lieux.

Voïci comment s'exerceront ces trois pouvoirs : les fonctions du congrès et du tribunal seront internes; celles du protectorat seront externes : les unes demanderont plus d'examen et plus de réflexion ; les autres exigeront plus d'activité et plus de promptitude. Ces fonctions, quoique distinctes, s'uniront pourtant entr'elles, et se mettront dans une mutuelle dépendance pour établir concurremment la paix. Ces trois corps politiques, en exerçant de concert, comme nous l'avons vu, la puissance exécutrice du gouvernement, garantiront également les droits de tous les peuples.

Mais de quelle manière sera nommé le protecteur de l'Europe? On ne voit ici qu'un seul homme revêtu de la puissance conservatrice du droit des gens. A qui donnera-t-on ce pouvoir? qui le donnera? pour quelle durée? comment tout cela pourra se faire sans inspirer des craintes aux gouvernemens européens?

Il est hors de doute que pour écarter les jalousies, pour dissiper les frayeurs, pour égaliser la représentation des états, il faudrait que chacun d'eux eût en même téms un protecteur pris dans son sein; mais, par la nature de la charge et pour la promptitude de l'action, cette puissance, qui ne doit point délibérer, mais agir, doit reposer sans partage dans les mains d'un seul homme : il s'agit seulement de la circonscrire dans de justes bornes en lui donnant la force nécessaire pour opérer la sûreté de tous les états, sans pouvoir nuire à aucun. Or, rien n'est plus fa-

cile : on ne crée jamais aucun grand pouvoir
qu'on ne puisse le limiter, puisqu'on est libre
de lui donner l'étendue et la durée que l'on
veut; il arrive pourtant quelquefois qu'une
grande puissance dépasse ses limites naturelles contre la volonté de l'instituteur, mais
c'est parce qu'il ne lui a pas assigné des bornes
suffisantes.

Dans chaque monarchie bien réglée on institue un chef auquel on remet tous les soins
de l'administration intérieure : ce chef, qui a
la puissance exécutrice du gouvernement civil, a beaucoup plus de pouvoir que le protecteur du gouvernement politique, et cependant il n'abuse pas de son pouvoir, qui est ba-
lancé par le pouvoir législatif. Pourquoi donc
serait-il impossible d'établir dans l'Europe un
protecteur avec une puissance si bien réglée
qu'il ne pût jamais en abuser ? Les noms ne
changent rien aux choses : un protecteur
pourrait bien être sous ce titre un despote,
comme le fut *Cromwel* en Angleterre ; mais
ici on ne doit pas craindre ce danger, attendu
que la puissance exécutrice se donne par elle-
même des bornes, se tempère, se modifie
en se distribuant dans trois différens corps
chargés de son exercice, qui seront sous une

mutuelle surveillance. Au reste, lors de la
formation d'une société un nombre d'individus, infiniment plus grand que celui des
peuples européens a concouru volontairement à l'élection d'un ou de plusieurs chefs ;
donc les puissances de l'Europe peuvent facilement convenir de nommer un protecteur :
il est vrai que ces individus ont pris leurs
chefs parmi eux, dans le sein du même état;
ce qui suppose déjà une union d'intérêts, au
lieu que les puissances, se trouvant extérieurement séparées, ne peuvent agir de la même
manière, ni avec le même avantage, parce
qu'elles n'ont qu'un protecteur à élire pour
elles toutes : mais quel était l'état qui ne faisait que de sortir du berceau? quelle communauté d'intérêts pouvait se trouver entre
des hommes qui commençaient à peine de se
réunir en société? Cet acte de réunion civile
sous différens magistrats me paraît bien plus
difficile que l'acte de réunion politique sous
un commun protecteur, par la raison qu'on
ne trouve ici que le nombre de quatorze gouvernemens, tandis que là on trouve vingt
millions de personnes. (1) D'ailleurs, comme

_____

(1) Quoique je cite le nombre de 20,000,000 d'une
manière fixe, cela n'empêche pas qu'il puisse y avoir

tous les états de l'Europe forment une réunion
générale de peuples composés chacun d'une
infinité d'individus, ils seront entr'eux dans
le même rapport à l'égard de cette élection,
parce que chaque gouvernement est un être
collectif qui exprimera le vœu national dans
le concours électif.

Il semble ici que les gouvernemens composés, c'est à dire ceux dont la puissance souveraine est distribuée à plusieurs, comme dans les
états aristocratiques, devront l'emporter dans
cette élection sur les gouvernemens simples
dont le pouvoir souverain est confié à un seul,
comme dans les monarchies; mais on peut rendre l'avantage égal pour tous les états par
l'égalité des suffrages, en faisant que le gouvernement aristocratique, ainsi que tout autre,
n'ait qu'un simple vote à donner comme le
monarchique.

Il s'agit à présent de trouver dans cette nomination un moyen qui ôte tous les inconvéniens qui peuvent naître de l'institution, et
conserve à chaque gouvernement civil le droit

bien des variations, puisqu'il existe des états beaucoup
plus grands et plus peuplés les uns que les autres;
mais cela ne fait rien à la chose.

de sa représentation par l'émission immédiate
de sa volonté, sans lui inspirer aucune
crainte.

Pour donner à cette opération élective toute
l'importance qu'elle mérite le protecteur de
l'Europe devra être nommé à la pluralité des
voix par le congrès sur une liste où sera ins-
crit le membre que chaque gouvernement présentera ; (1) de sorte que, cette élection devant

_____

(1) Je ne mets qu'un candidat, parce que le gouvernement est censé le mieux connaître ses sujets, et
qu'il choisira le meilleur, afin que son choix devienne
celui du congrès : or, s'il en présentait plusieurs d'un
mérite inégal il pourrait arriver que le congrès, qui
ne les connaîtrait pas si bien, élût celui qui serait
le moins en état de remplir cette place.

Il y aurait deux autres modes d'élection : 1°. chaque
gouvernement pourrait fournir à son tour ce magistrat
qu'il choisirait dans son sein entre ses plus vertueux
citoyens. Suivant cette règle à la fin de chaque année
le protecteur serait remplacé par celui d'un autre
état pour la même durée, ce qui établirait une juste
balance dans la représentation : mais il faut observer
que cette nomination n'étant faite que pour l'espace
d'une année, on tomberait dans l'inconvénient d'avoir
un homme toujours inhabile dans les fonctions; outre
cela il y aurait encore le droit d'initiative qui pourrait faire naître des querelles entre les puissances,

3.   16

passer par le creuset du scrutin, les gouvernemens s'appliqueront à l'envi à présenter chacun
un homme vertueux , afin de l'emporter dans
ce concours ; et ce ne sera point pour dissiper
les craintes qu'ils ne peuvent avoir à l'égard
de cette puissance , puisqu'elle ne pourra leur
porter aucune atteinte , mais ce sera pour la

---

dont la représentation ne serait ni simultanée, ni
consécutive : il est vrai qu'on pourrait avoir recours
au sort pour rendre l'avantage égal; mais il y aurait
toujours l'inconvénient de l'inexpérience.

2°. Chaque membre du congrès pourrait à tour de
rôle remplir la charge protectorale pendant l'espace
d'une année : par ce moyen on aurait toujours un homme
plus expérimenté , qui connaîtrait mieux la marche
du gouvernement Européen; mais il y aurait l'inconvénient qu'en prenant annuellement un membre du
congrès pour exercer les fonctions de protecteur on
décompletterait un corps où la représentation doit
être toujours égale, et jamais interrompue; et il faudrait alors faire deux opérations au lieu d'une; celle
du déplacement et celle du remplacement : or, de cette
manière les fonctions protectorales seraient exercées
successivement par des membres du congrès; ce qui
ne ferait guère qu'une même puissance, attendu qu'elle
réunirait en quelque sorte la volonté à l'exécution;
chose qui, pouvant inspirer de justes craintes aux
gouvernemens, fait voir que le moyen que nous avons
adopté pour cette élection est le meilleur.

gloire d'avoir prévalu dans cette importante
élection. Les fonctions du protecteur seront à
vie ; seulement il pourra être destitué dans le
cas où il abuserait de son pouvoir.

En tirant du sein des empires le protecteur
que le congrès devra choisir par voie de suffrages sur la présentation d'un candidat que
lui fera chaque gouvernement, on établira
entre le congrès, les peuples et les princes
européens une liaison intime qui doit faire
l'excellence du gouvernement politique : par
ce moyen l'on renfermera la puissance protectrice dans les bornes de l'utilité publique,
et l'on mettra les états à l'abri de toute atteinte. Sans doute que les souverains pré-
senteront au congrès des hommes sages et
éclairés pour remplir ces fonctions importantes, et que le congrès choisira encore le
plus sage d'entre ces sages. Il ne faut pas craindre que ce protecteur, tiré du sein des états,
veuille nuire aux peuples dont il sera sorti,
ni aux souverains qui l'auront présenté, ni au
congrès qui l'aura choisi : un corps a-t-il jamais pu nuire à aucun de ses membres sans
se nuire à lui-même? et un membre a-t-il jamais pu nuire à un autre membre du même
corps sans ressentir de la douleur? Sous ces

divers rapports le protéctorat va devenir le
conservateur des lois qui émaneront des
princes européens, qui exerceront au nom des
peuples le pouvoir législatif du gouvernement
politique; l'observateur des ordres qui émaneront du congrès, qui en sera la puissance
inspectrice; et l'exécuteur des décisions du
tribunal, qui en sera la puissance judiciaire;
de sorte qu'il servira en même tems à protéger les peuples contre les souverains, et les
souverains contre les peuples, en soumettant
les uns à une juste obéissance, et en obligeant
les autres à un sage gouvernement.

Dans cette élection le choix et la désignation
du sujet que chaque souverain présentera au
congrès pour le faire concourir au protectorat,
d'après le suffrage de chaque plénipotentiaire,
conservera également à tous les états leurs
droits d'éligibilité; car pour avoir ici la représentation de tous les peuples il n'est pas
nécessaire que chacun d'eux ait un protecteur; il suffit qu'ils aient chacun également
part à l'élection de celui qu'ils nommeront à
la pluralité des voix, lequel sera alors censé
être le représentant ou plutôt le protecteur
de tous. Cette manière d'élire sera une opération complexe, qui sera commencée par les

souverains, et achevée par leurs plénipotentiaires : elle aura le même effet que si les
gouvernemens eux-mêmes l'avaient faite immédiatement ; il y aura seulement un acte
sous-intermédiaire, par lequel les princes
agiront pour les peuples dont ils sont les représentans, et les plénipotentiaires agiront
pour les princes dont ils sont les délégués :
or, suivant l'analyse il n'y a que deux degrés
à descendre, celui de l'institution et celui de
la substitution, pour arriver à la source du
pouvoir souverain qui émane des peuples.

Il faudra adjoindre aussi au protecteur
deux suppléans, par ordre de premier et de
second, pour le remplacer en cas de maladie
ou de mort. Or, comme tel candidat présenté
par un prince pour la place de premier suppléant peut être jugé digne des fonctions protectorales et choisi par le congrès, et tel autre
candidat présenté par le même prince pour
la place de second suppléant peut n'être pas
jugé digne de ces fonctions, et être rejeté par
le congrès, ils devront être portés sur deux
bulletins différens, qui passeront par deux
scrutins. Ces deux suppléans résideront
aussi dans la ville centrale, pour succéder de
plein droit, suivant l'ordre de leur nomina-

tion, au protecteur malade ou défunt. Je sais
bien qu'on pourrait nommer le protecteur et
ses deux suppléans dans la même liste et par
le même scrutin ; mais cela ne rendrait pas
l'élection plus simple ni plus courte, puisque les trois suffrages peuvent se donner en
même tems.

Comme il est dans la nature de l'homme
d'être ombrageux, les princes européens
craindront peut-être que ce protecteur nommé
à vie, et investi d'une force imposante, ne
devienne un dictateur dans l'Europe ; crainte
entièrement dénuée de fondement, puisque
le protectorat ne pourra jamais rien ten-
ter contre les gouvernemens, qui resteront indépendans et paisibles sous sa puissance gardienne : d'ailleurs, quelle comparaison, ou plutôt quelle différence d'un dictateur, d'un homme qui est revêtu d'un pouvoir sans bornes, qui est élevé au-dessus des
lois, pour ne suivre que sa propre volonté,
d'avec celui qui est placé sous l'empire des
lois et qui doit les faire exécuter ? Si les Romains fixèrent toujours la durée du pouvoir
dictatorial à un terme très-court, ce fut sans
doute pour en prévenir l'abus ; mais quant à
la puissance protectrice telle qu'elle sera éta

blie, il n'y a pas de danger que celui qui en
sera revêtu puisse jamais en abuser. Peut-
on craindre l'abus d'un pouvoir dont les fonctions consisteront essentiellement à rendre les
peuples heureux et les princes tranquilles,
d'un pouvoir qui n'aura simplement qu'à exécuter les ordres qui lui seront donnés par un
autre pouvoir pour faire régner la paix entre
toutes les nations de l'Europe? Une institution de cette nature sera la meilleure de
toutes, parce qu'elle conservera à tous les
états européens leurs droits respectifs de représentation et d'élection, et, en faisant disparaître les dangers des brigues annuelles,
elle placera dans le protectorat à vie un
magistrat qui deviendra plus expérimenté à
raison de son inamovibilité.

Si pourtant l'on redoute la durée de la
puissance protectorale, qui doit garantir par ses
fonctions tous les gouvernemens européens,
on pourra nommer le protecteur pour l'espace
seulement de dix années, en suivant toujours
le même mode d'élection; cela dissipera les
craintes qu'on pourrait concevoir, et adou-
cira les inconvéniens qui pourraient naître de
changemens trop fréquens; car on écartera
l'abus du pouvoir en conservant un magistrat

qui sera instruit par l'expérience ; on conciliera ainsi ce qui doit fortifier la puissance du
gouvernement politique, avec ce qui doit
établir la sûreté des gouvernemens civils :
mais il importe que le protecteur puisse être
indéfiniment réélu ; sa réélection sera un
moyen pour le rendre encore plus attentif dans
l'exercice de ses fonctions.

Pour fermer la porte à tous les abus qui
pourraient naître de la puissance nous avons
dit que le protecteur sera destituable dans le
cas de prévarication, ou de quelque négli-
gence capable de compromettre le salut de la
république européenne ; mais c'est peut-
être une erreur de supposer l'abus d'une
puissance qui ne pourra jamais opérer que le
bien public; qui sera de plus en plus jalouse
de la confiance qu'elle aura obtenue pour l'obtenir encore ; qui sera continuellement en
garde contre elle-même pour se préserver
des illusions de l'amour-propre et des pres-
tiges de l'ambition ; qui mettra tout son zèle
et toute sa gloire à répandre sur les princes
comme sur les peuples les bienfaits du gouvernement, autrement la paix, la sûreté, l'a-
bondance et le bonheur.

Pour que le protecteur de l'Europe puisse

exercer efficacement la puissance exécutrice
du gouvernement politique il faut qu'il soit
revêtu d'une force suffisante : en effet, dans
tous les gouvernemens du monde le pouvoir
civil a besoin d'être environné des corps militaires pour soumettre les esprits et faire observer les lois : or, si les sujets d'un royaume,
qui sont réduits à leurs forces individuelles,
ne sont contraints à l'obéissance que par la
force armée du gouvernement civil, combien
il est plus nécessaire encore d'investir d'un
corps d'armée le gouvernement politique
pour contenir les princes qui sont revêtus de
la puissance civile et de la puissance militaire
des empires.

Il faut donc établir une armée protectorale
qui puisse garantir en même tems tous les
états de l'Europe; car il serait possible que
malgré l'avantage commun de la paix chaque
gouvernement, préférant son bien particulier
qui lui donne tout au bien général qui lui
donne seulement une partie, voulût encore
nuire aux autres gouvernemens : alors celle
des puissances qui refusera d'obéir à la volonté générale, toujours censée juste parce
qu'elle est celle de tous, y sera contrainte
par la force du protectorat : telle sera cette

sublime institution, qu'en plaçant chaque
état sous les ailes du gouvernement politique elle les garantira tous également des
invasions étrangères, sans leur rien ôter de
leurs droits respectifs ; et, soit par le dépôt de
l'armée mise à la disposition du protecteur,
soit par la juste proportion des troupes qui
seront entre les mains des gouvernemens civils, elle corrigera cette inégalité physique et
morale que la nature a pu mettre entre les
peuples, qui deviendront sous ce gouvernement politique égaux en droits, en forces et
de fait, à la faveur de l'équilibre qui s'établira sur les contre-poids des corps politiques
et des corps militaires.

L'armée du protecteur, qui sera composée
de troupes de chaque royaume, et entretenue
à frais communs, devra être égale à celle
qui sera fixée pour le plus grand état, afin
qu'elle puisse garantir plus efficacement toutes
les puissances en conservant l'équilibre entr'elles : de cette manière les troupes du gouvernement politique tiendront en respect les
troupes de chaque gouvernement civil, et elles
se refréneront réciproquement par le moyen
de leur contre-poids. J'aperçois ici que la société politique a l'avantage d'avoir un équilibre

de forces que n'a pas la société civile : il est vrai
que l'énorme masse du peuple peut balancer
en quelque sorte la puissance militaire de
l'état, attendu que l'armée est formée de
citoyens ; mais comme cette force nationale
n'existe réellement qu'autant qu'elle est concentrée dans les mains du monarque , et
comme elle devient même dangereuse lorsque le gouvernement est dissous ou seulement,
relâché, il peut en résulter de grands malheurs si elle veut secouer le joug de la
soumission : d'ailleurs, dans le gouvernement politique les princes conservent toute
leur puissance, au lieu que dans le gouvernement civil les particuliers doivent nécessairement devenir sujets ; ce qui donne encore
au premier un plus haut degré de perfection.

L'armée protectorale sera mobile ; c'est
à dire qu'elle se portera avec promptitude
partout où besoin sera pour donner secours à l'état qui sera menacé : sous ce rapport on pourra l'appeler *troupe auxiliaire et
gardienne du droit public de l'Europe,* parce
qu'elle se joindra aux troupes des états qui en
auront besoin pour repousser les agresseurs.

Le protecteur aura donc à sa disposition
un corps de troupes composé de soldats de

tous les états européens; il ne pourra jamais
agir injustement contre aucun des gouvernemens civils. S'il arrivait qu'il conçût quelque dessein attentatoire à la liberté publique, il ne pourrait l'exécuter ou parce
qu'il serait arrêté par les troupes qui resteront au pouvoir des souverains, ou parce
qu'il serait désobéi par celles qu'il aura à ses
ordres : or, sous ces deux rapports, cette puissance ne pourra jamais avoir des vues contraires à l'intérêt des états. Ainsi, que les potentats ne redoutent point les troupes du protecteur, qui seront organisées de manière
qu'elles devront servir à les garantir les uns
les autres, sans pouvoir jamais leur nuire;
car par la composition mixte de ces troupes
chaque prince, comme membre du corps législatif du gouvernement politique, aura devers lui une partie de la force armée de la
puissance exécutrice du même gouvernement,
laquelle, n'étant que la puissance protectrice
de chaque gouvernement civil, devra toujours pourvoir à la sûreté générale. (1)

---

(1) On voit dans cet amalgame des troupes de
chaque état qui doivent former l'armée du protecteur un moyen efficace de sûreté pour les souverain

Mais sera-ce un nombre de soldats égal ou proportionnel que chaque puissance devra fournir et entretenir pour la composition de l'armée protectorale? Afin d'établir une égalité parfaite entre les états européens, et les mettre tous à l'abri des invasions ennemies, il faut que chacun d'eux fournisse et entretienne un nombre de troupes relatif à sa population et à sa richesse : il entre dans le plan du bien public que cette proportion soit rigoureusement observée; car il pourrait devenir funeste ou du moins onéreux aux petits états d'en fournir et d'en entretenir autant que les grands.

Les puissances du premier ordre pourront objecter que, comme il y a égalité de représentation entr'elles par le nombre égal des députés pour assurer la liberté de leurs suffrages, il doit y avoir égalité de troupes de part et d'autre pour les garantir respectivement des invasions; mais c'est un paralogisme fondé sur ce qu'elles ne con-

de l'Europe, et une vraie garantie pour les droits des nations : on découvre dans cette importante combinaison un tempérament sage pour rendre les princes et les peuples toujours paisibles et heureux.

sidèrent pas qu'il n'y a nul inconvénient que chaque état fournisse et entretienne un nombre de soldats proportionnel à sa population et à ses moyens, et que ce serait d'un très-grand danger que le contraire eût lieu : en effet, le nombre proportionnel de troupes entre encore dans la règle de l'équilibre des puissances, et tend, ainsi que l'égalité de représentation, à les garantir les unes et les autres. Au surplus, la proportion des troupes est juste quand il n'y a pour les grands états aucun danger de l'établir; et quand il y en aurait pour les petits de ne pas l'établir, n'est-il pas vrai qu'ils ont tous un droit égal au bien de la paix? Pourquoi donc ne trouveraient-ils pas dans ce corps d'armée la même protection et la même sûreté? Dans la nomination des députés c'est l'égalité des voix qui doit garantir la balance des suffrages; et dans la formation de l'armée protectorale c'est la proportion relative des troupes qui doit assurer l'équilibre des forces.

La paix est le domaine de tous les peuples; il faut donc que chacun d'eux contribue autant qu'il est en lui à l'établir d'une manière solide : c'est pour se soustraire aux fureurs de la guerre que chaque prince européen doit concourir par un nombre égal de députés à la formation des pouvoirs constitutifs du gouvernement politique, et par un nombre proportionnel de soldats à la composition de l'armée protectorale. Il ne serait pas plus juste que les petits états contribuassent autant que les grands, à la formation et à l'entretien du corps militaire qui sera mis à la disposition du protecteur, qu'il ne le serait que les grands états eussent plus de voix dans les délibérations du congrès national et dans les décisions du tribunal suprême, attendu que, dans l'un comme dans l'autre cas, le droit public de l'Europe serait également compromis si l'on rompait la balance des puissances sur laquelle la paix générale doit reposer : or, il faut que l'institution du gouvernement politique établisse une telle égalité de force et de représentation entre les états, grands et petits, qu'en s'engageant tous sous les mêmes conditions ils jouissent tous des mêmes droits. (1)

---

(1) En effet, si, comme on n'en peut douter, toute société est formée pour le bonheur de ses membres, chacun y doit trouver également la garantie de ses

Pour établir un parfait équilibre entre les puissances chacune sera donc obligée de fournir et d'entretenir pour la composition de l'armée du protecteur un nombre de troupes proportionnel à sa population et à ses facultés. Je sais bien que les frais de leur entretien seraient modiques en égard aux différens états qu'il y a dans l'Europe; mais n'importe, il faut toujours adopter le moyen qui mène plus sûrement au but que nous nous proposons. Or, si nous adoptons ici le nombre proportionnel, c'est moins pour éviter de faire supporter aux petits états une égale part de la dépense de cette armée que pour écarter le danger qui les menacerait s'ils fournissaient autant de troupes que les grands; car le nombre égal des troupes à fournir nuirait sûrement aux petits états plus que les frais de leur entretien; et si, proportion

droits par le concours de tous, puisqu'ils ont le plus grand intérêt de s'en assurer réciproquement l'exercice : or, le gouvernement politique n'ayant de pouvoir que par la réunion de toutes les volontés nationales, son intérêt demandera qu'elles lui soient toujours attachées, et que l'ordre qui maintient la paix soit solidement établi.

gardée, un grand empire peut plus facilement mettre sur pied et entretenir un plus
grand nombre de soldats, c'est encore une
prépondérance qu'il a sur les petits, et par
conséquent une raison de plus pour établir
entr'eux la proportion du nombre de troupes.
Il semble ici que la nature a voulu balancer
les avantages qui se trouvent d'un côté avec les
désavantages qui se trouvent de l'autre pour
établir un vrai équilibre entre les grands et
les petits états ; car si, à raison de leur nom-
breuse population et de leurs grandes richesses, les premiers peuvent lever et entretenir plus facilement un plus grand nombre
de soldats, ils sont aussi dans le cas d'en entretenir pour leur sûreté extérieure un nombre
plus que proportionnel à l'étendue de leur
territoire.

Puisque l'armée du protecteur doit équi-
valoir, comme nous l'avons dit, à l'armée du
plus grand état (1) pour établir une juste

_____

(1) Si l'on trouvait trop fort de donner au protecteur un nombre de troupes équivalant à celui du
plus grand état, on pourrait le réduire ; mais je crois
qu'en ne laissant aux souverains que les troupes nécessaires pour maintenir l'ordre au-dedans, vu que

3.   17

balance entr'elles, il faut lui remettre le
moins de troupes qu'il sera possible, afin
d'en diminuer le nombre de chaque côté,
vu que c'est par l'exacte proportion des unes
aux autres que l'équilibre de l'Europe doit
être fondé. Or, l'équilibre des forces européennes peut s'établir aussi bien avec une grande
quantité de troupes qu'avec une petite, pourvu
que de part et d'autre le nombre augmenté ou
diminué se trouve égal : deux poids d'une
livre chacun se contre-balancent aussi bien

---

l'armée protectorale devrait conserver la paix au-
dehors, ils n'auraient rien à craindre de cette puissance, et la paix n'en serait même que plus stable;
car s'ils entretiennent tant de troupes, ce n'est que
par la crainte qu'ils s'inspirent réciproquement; et
quand le protecteur avec sa force armée veillera pour
tous les gouvernemens, ils n'auront plus besoin
de tant de soldats : d'ailleurs l'armée protectorale
pourra, comme nous l'avons dit, servir encore à conserver ou rétablir l'ordre dans chaque état; en sorte
qu'elle formera bien un contre-poids avec l'armée de
chaque prince pour le retenir dans ses domaines; mais
elle ne formera pas un contre-poids avec les armées
de tous les princes, qui seront toujours d'accord pour
conserver l'indépendance de chacun d'eux à l'égard
des autres pour les fixer dans une paix perpétuelle.

entr'eux que deux poids de quatre livres;
et quand un plus petit nombre de soldats
pourra donner mieux qu'un plus grand la
paix à l'Europe, il ne faut pas hésiter d'adopter la réduction; par ce moyen on diminuera
les frais de leur entretien. D'ailleurs en ne
laissant dans chaque royaume que le nombre
de troupes nécessaire pour maintenir l'ordre
intérieur, et faire observer les lois civiles,
on détruira entièrement la cause occasion-
nelle et même efficiente des guerres étrangères.
Ce n'est que la crainte que les puissances s'inspirent réciproquement qui leur fait entretenir de si nombreuses armées, et le moyen
qu'elles emploient pour éloigner la guerre est
précisément ce qui la fait naître.

Tous les états sont surchargés de troupes
qui les exposent à des secousses et à des
guerres ruineuses : ces grands corps militaires qui fatiguent l'Europe; ces légions in-
nombrables qui se heurtent de toutes parts ;
ces gouvernemens timocratiques qui s'imitent
les uns les autres, et qui se détruisent en en-
levant à la population et à l'agriculture tant
d'utiles citoyens; ces nombreux armuriers
qui, au lieu de forger des glaives meurtriers,
pourraient fabriquer des instrumens utiles aux

arts; ces chevaux arrachés au labourage et
au commerce pour servir à la destruction
des hommes; tous ces attirails de guerre qui
se multiplient pour la sûreté des états sont
l'ouvrage de la crainte réciproque des puissances.

Dans l'origine de la société il n'y avait
pas de forteresses aux extrêmités des empires; les seuls remparts des peuples et des
rois étaient la foi donnée et la foi reçue;
mais depuis qu'on a élevé tant de citadelles
dans les villes frontières; depuis qu'on a
recruté tant de troupes dans les états on a
plus de moyens de défense sans avoir plus
de sûreté, parce que chaque royaume a
voulu accumuler toutes ses forces, et même
au-delà de ses forces, pour se rendre redoutable à ses voisins. A quoi donc abou-
tissent toutes ces fortifications si ce n'est à la
destruction des hommes?

Il est donc bien vrai que l'industrie humaine, malgré les moyens qu'elle emploie,
ne peut faire avec effort ce que la seule nature fait sans peine. La paix est un droit naturel à chacun, et nul ne peut la troubler
sans se rendre coupable : ce principe est si
naturel que les premiers hommes l'observaient

d'eux-mêmes sans défense. Les Suisses se rapprochent le plus de cet état primitif; ils n'ont d'autres forteresses sur leurs frontières que celles que la nature y a posées; jamais ils n'ont entretenu d'armée pour défendre leur territoire ni pour entrer chez leurs voisins; point de citadelles qui servent contre les ennemis, ni contre les citoyens; point d'impôts sur les peuples; ils vivent chez eux sans luxe comme sans troupes; leurs montagnes sont leurs remparts, et tout citoyen y est soldat pour défendre la patrie; or, si tous les peuples étaient comme les Suisses la paix serait à jamais parmi les états, et l'âge d'or renaîtrait en quelque sorte sur la terre.

Le vrai système de l'équilibre de l'Europe serait de fixer précisément le nombre proportionnel de troupes nécessaires à chaque état relativement à sa population, à son étendue et à sa localité pour maintenir l'ordre civil au-dedans, et établir la sûreté nationale au-dehors : or, il importe d'égaler les forces militaires par un petit nombre proportionnel de soldats; ce qui diminuera les frais de leur entretien, et favorisera en même tems l'industrie, le commerce, les arts, et surtout

l'agriculture nourricière. (1) Il serait très-
avantageux de n'avoir pas besoin de troupes
pour vivre dans l'état social; mais la société
ne peut pas subsister sans elles; il faudrait
pour cela des dieux, ou tout au moins des
anges, et non des hommes, que les passions ne
cessent d'égarer.

On pourra dire : Vous voulez supprimer des
troupes dans l'Europe, et à celles des états

---

(1) L'agriculture est la base du vrai système écono-
mique; c'est elle qui fait la principale force des états :
le sol d'un pays bien cultivé produit des richesses par
les fruits de la terre. Pour s'en convaincre il ne faut
que comparer l'Espagne avec la France : la première
produit beaucoup moins que la seconde, parce que ses
habitans sont nonchalans et paresseux : aussi ce royaume
se trouve-t-il bien moins puissant que l'empire français, où les cultivateurs sont très-actifs.

Plusieurs souverains, reconnaissant que la véritable
richesse d'un pays consiste dans les productions de la
terre, ont encouragé l'agriculture dans leurs états autant
qu'ils l'ont pu : *Charles IX*, *Henri IV* ont accordé
des gratifications aux agriculteurs vigilans; *Hieron*,
roi de Syracuse; *Archelaüs*, roi de Cappadoce, ont
donné à leurs sujets des leçons sur l'art de bien cultiver la terre; et dans la Chine l'empereur, pour rendre
hommage à l'agriculture, ouvre solennellement toutes
les années un sillon en présence du peuple.

vous ajoutez une armée protectorale qui n'a
jamais existé : j'avoue qu'il y aura dans
l'Europe une armée de nouvelle création pour
faire observer le droit des gens; qu'outre
cette armée extrinsèque des gouvernemens
civils, et intrinsèque du gouvernement politique, chargée de l'exécution des lois nationales, il y aura dans chaque état une autre armée intrinsèque du gouvernement civil, et
extrinsèque du gouvernement politique, laquelle servira pour l'exécution des lois civiles; mais nonobstant cela il y aura encore
dans l'Europe beauconp moins de soldats
sous les armes, qui pourtant assureront
mieux l'exécution du droit civil et du droit
des gens; car il n'est question d'établir dans
chaque état que le nombre de troupes nécessaire pour assurer la paix des citoyens au-
dedans, et la sûreté des peuples au-dehors;
et quoique les troupes du gouvernement po-
lique soient spécialement destinées à entretenir la paix extérieure, et que les troupes de
chaque gouvernement civil soient spécialement destinées à maintenir l'ordre intérieur,
elles pourront encore devenir auxiliaires les
unes des autres pour produire ce double
effet. Ainsi, les princes européens, comme

puissance législative du gouvernement politique, pourront avoir au besoin une partie
de la force armée de la puissance protectrice du même gouvernement; et le protecteur, comme puissance exécutrice du gouvernement politique, pourra avoir au besoin
une partie de la force armée de la puissance exécutrice de chaque gouvernement
civil : par cette mixte combinaison ces deux
puissances du gouvernement se tiendront en
respect réciproquement, et ne pourront jamais
devenir arbitraires; c'est à dire qu'elles ne
pourront faire des entreprises l'une contre
l'autre.

Malgré ces précautions les princes européens croiront peut-être que j'établis une
puissance rivale : point du tout; mon but
principal est que la puissance protectorale
puisse seule diriger la force du gouvernement
politique selon la fin de son institution, qui
est la paix générale, sans que jamais elle puisse
nuire à aucun gouvernement civil : or, si à un
amour sincère pour les vrais intérêts des états
le protecteur de l'Europe réunit de grandes
lumières et une activité infatigable, ce sera
pour les princes comme pour les peuples une
vraie source de tranquillité et de bonheur. Que

les gouvernemens ne se fassent donc point de
vaines terreurs à l'égard de cette puissance
qui sera armée d'une force purement défensive. En effet, quelles seront les fonctions
du protecteur? Il tiendra continuellement
en repos les états de l'Europe; ce sera une
autorité vivante qui vengera les lois du droit
des gens quand elles seront enfreintes; ce
sera, ce qui est bien plus beau, une puissance
qui par son attitude imposante arrêtera le mal
dans son principe en empêchant toutes les
entreprises des grands états contre les petits.
Aussi peut-on dire que quand ses forces seraient plus grandes elles n'en seraient pas
plus à craindre. Quoi! avons - nous autre
chose à souhaiter que l'accroissement d'une
puissance qui ne peut rien que pour notre
sûreté? Hé bien! telle sera celle du protecteur
à l'égard des souverains.

Si la plénitude de la souveraineté confiée à
un seul homme pour simplifier la marche du
gouvernement et mettre les membres de la
société à l'abri de la malveillance a paru
moins dangereuse dans les monarchies que
le partage de cette même souveraineté entre les mains de plusieurs magistrats dans
les républiques, pourquoi craindrait - on

dans le gouvernement politique la puissance protectorale, qui sera tempérée par les autres puissances, et qui doit être simple pour agir sans délibération, et pour se montrer à propos par tout où besoin sera? Le souverain pouvoir n'est pas dangereux parce qu'il repose dans les mains d'un seul homme, mais parce qu'il se distribue dans les mains de plusieurs magistrats qui veulent l'accroître pour l'avoir chacun entièrement. Sous ce rapport le gouvernement monarchique est préférable au gouvernement républicain, où chaque officier, participant à la souveraine puissance, veut la posséder aussi grande que s'il était seul à la tête du gouvernement; et outre le despotisme que cela produit, on voit encore naître parmi ces gouvernans bien des jalousies, bien des rivalités, bien des complots qui leur coûtent souvent la vie : on en a vu une foule d'exemples dans le tems de la république française.

La force qui sera remise au protecteur de l'Europe ne sera que la force du gouvernement politique concentrée dans ses propres mains, et dirigée selon la règle de la volonté générale. Si ce pouvoir s'avisait de commettre quelque acte arbitraire il serait

bientôt arrêté par la force des gouvernemens civils ; il n'y a donc pas d'apparence
qu'il puisse jamais former des entreprises té-
méraires ; mais s'il avait une volonté particulière plus active que celle des différens états
qui forment le corps politique, et s'il pouvait user comme il lui plairait de la force
militaire qui serait entre ses mains, à l'instant le gouvernement politique serait détruit ; c'est alors que l'on verrait en même
tems dans l'Europe le fléau de la guerre civile et celui de la guerre étrangère : le gouvernement politique lutterait contre les gouvernemens civils ; les peuples lutteraient contre les peuples, et les rois contre les rois.
Il importe donc de renfermer dans de justes
bornes un pouvoir qui doit faire reposer tous
les empires sous la protection des lois.

Sans doute le protecteur cherchera à mé-
riter de plus en plus l'estime des souverains
pour être conservé dans sa place : qu'on ne
craigne pas qu'il devienne trop puissant à la
tête de cette armée conservatrice ; a-t-on
jamais vu dans aucun gouvernement civil
un homme plus fort que la nation ? et peut-
on jamais voir dans le gouvernement politique un magistrat plus fort que tous les

peuples et que tous les rois de l'Europe?
D'ailleurs quelle crainte peut inspirer la
puissance de ce seul magistrat quand il ne
sera que le simple exécuteur de la volonté
du gouvernement Européen , de ce gouvernement qui ne sera lui-même autre chose que
la vigilance et la force préposées à l'observation des lois ?

Dans une irruption soudaine le protectorat
de l'Europe pourra demander aux gouvernemens les plus voisins les troupes dont il aura
besoin pour les diriger, de concert avec eux
et sous le commandement de leurs officiers,
contre les perturbateurs de la paix européenne; mais il ne devra jamais remettre
les siennes à aucun des souverains sans qu'il
marche lui-même à leur tête; car à mesure
qu'il serait dépouillé de sa force il n'y aurait plus de garantie pour les nations : alors
le gouvernement politique serait un vain
simulacre, et il n'y aurait plus de liberté particulière ni de sûreté générale , parce que
les grands états pourraient sans coup férir
subjuguer les petits; alors les peuples réunis
sous le même gouvernement politique seraient
entr'eux sous la loi du plus fort , et sans aucun
garant de leurs droits respectifs. Or, il vaudrait

mieux n'avoir point de gouvernement politique que d'en avoir un qui favorisât les
grandes puissances contre les petites, puisqu'il doit être institué pour les garantir les
unes les autres, et principalement les petites.

En effet, si les souverains des grands états
pouvaient joindre à leurs troupes celles qui
sont à la disposition du protecteur pour les
faire marcher sous leur propre commandement, quelle sûreté pourrait procurer aux
peuples un pouvoir entièrement désarmé?
Aucune; et, pour dire davantage, que deviendrait la puissance exécutrice du gouvernement, celle qui doit donner la vie et la
paix au corps européen, si elle remettait la
force de ses armes à des potentats qui pourraient les tourner contre elle en attaquant
les petits états qui ne seraient plus défendus?
Pour lors les petits souverains seraient plus
en sûreté sans aucun gouvernement politique, parce qu'ils ne se reposeraient plus
sur un pouvoir qui ne serait plus protecteur,
mais destructeur; sur une force qui, loin de
les garantir comme de droit, viendrait en
armes pour les détruire avec les troupes
même qui devraient servir à les défendre.

Que le protecteur ait donc seul la direction de la force armée du gouvernement politique pour faire observer le droit des gens à toutes les nations de l'Europe; ce qui n'empêchera pas que les troupes de chaque état ne soient soumises aux ordres de leurs chefs, ni que les gouvernemens ne puissent s'en servir pour faire exécuter les lois civiles entre leurs sujets; car les troupes qui seront mises à leur disposition seront particulièrement destinées à cet usage.

Nous avons dit que dans les circonstances périlleuses le protecteur pourra requérir des états voisins les troupes qui lui seront nécessaires pour les faire marcher où besoin sera, toujours sous le commandement de leurs officiers; mais il aura le soin de ne jamais dégarnir entièrement un état de ses troupes; il en demandera plutôt une partie à chaque gouvernement, afin qu'ils contribuent les uns et les autres au maintien et au rétablissement de la paix générale. Il n'est pas douteux que le protecteur de l'Europe trouvera toujours des puissances paisibles qui lui fourniront les troupes dont il aura besoin pour réprimer les peuples turbulens; car il n'est pas vraisemblable que tous les états eu-

ropéens veuillent faire en même tems la
guerre, vu que le plus grand nombre sera
toujours pour la paix; mais si jamais il arrivait que toute l'Europe prît les armes, ce ne
pourrait être que l'effet de deux partis à
peu près égaux, et pour lors l'armée protectorale donnerait secours au plus faible
pour faire rentrer dans l'ordre le plus fort,
qui sûrement serait l'agresseur, et la paix
serait bientôt rétablie : d'ailleurs, l'existence
seule de cette puissance auxiliaire et protectrice suffira pour empêcher une pareille com-
motion dans l'Europe. Mais peut-on craindre
la révolte de toutes les puissances, et même
d'une seule, quand la paix de l'Europe sera
établie d'une manière imperturbable sur l'é-
quilibre des forces existant tant à l'égard
de l'armée du protecteur qu'à l'égard des
troupes de chaque état? Un tel acte d'in-
surrection serait bientôt réprimé.

Enfin, s'il arrivait qu'une puissance formât
le dessein de se joindre avec une autre pour
commettre quelque usurpation, elle n'y pourrait jamais réussir, parce qu'aucun souverain ne voudrait seconder une telle ambition, vu que le projet serait gigantesque

et inexécutable : au reste, si cette coalition pouvait avoir lieu elle serait bientôt anéantie par le protectorat, qui en serait averti par le congrès ; mais nulle puissance n'oserait former un pareil dessein, et si quelqu'une en avait l'idée elle se garderait bien d'en faire part à l'une des autres puissances. (1)

---

(1) Mais ne pourrait-on pas nommer à la charge de protecteur un des souverains? Je pense qu'il n'y aurait aucun inconvénient de cumuler sur une même tête les fonctions protectorales et royales; cette réunion de puissance servirait même à dissiper toutes les craintes que les princes pourraient concevoir à l'égard d'une institution qui les affermirait davantage sur le trône : alors celui qui serait chargé de ces fonctions devrait avoir comme souverain des troupes particulières tirées de ses états pour le gouvernement civil, et il devrait en avoir comme protecteur de toutes les nations de l'Europe pour le gouvernement politique. Au moyen de cette organisation chaque prince, libre et indépendant dans ses états, quoique lié par la constitution fédérative, serait placé sous la protection d'un chef qui veillerait pour la tranquillité de ses propres sujets au-dedans, et pour celle de tous les peuples au-dehors; ce serait une puissance mixte d'autant plus capable de maintenir l'union et la paix entre les différens peuples, qu'elle y serait directement inté-

ressée elle-même, vu qu'elle participerait également du gouvernement civil et du gouvernement politique.

Ce plan d'institution serait susceptible de quelque modification; il faudrait que le congrès et le tribunal siégeassent alors dans la capitale du souverain, qui exercerait les deux fonctions, afin qu'ils eussent une relation plus étroite avec le protectorat; et si les moyens d'exécution devenaient un peu différens, le but n'en serait pas moins toujours le même.

CHAPITRE VII.

Troupes de chaque état, et équilibre de l'Europe.

APRÈS avoir créé l'armée protectorale dans le gouvernement politique pour faire observer les lois du droit des gens, il nous reste à établir des troupes dans chaque état pour faire observer les lois du droit civil. Ces troupes des gouvernemens civils et du gouvernement politique pourront en cas de besoin devenir auxiliaires les unes des autres.

Pour établir la paix dans l'Europe par l'équilibre des puissances il faut que chaque état tienne sur pied un nombre de troupes proportionnel à son étendue et à sa population : il n'est pas douteux qu'on aura aussi égard à la différence du climat, à la situation du pays, à la forme du gouvernement, et surtout au caractère national ; c'est en vertu de cet équilibre que chaque état, gravitant sur lui-même, formera avec les autres, pour me servir de l'expression de *Newton*, une force d'inertie

ou de repos imperturbable, parce qu'ils s'en-
chaîneront tous dans un centre commun.

Si tous les peuples de l'Europe étaient également nombreux, s'ils habitaient sous le même
climat, et vivaient sous la même forme de gouvernement, il serait facile de fonder parmi
eux un parfait équilibre, parce qu'alors ils ne
formeraient en quelque sorte qu'un même
peuple; mais comme cette uniformité générale
est moralement et physiquement impossible,
il faut, autant que faire se pourra, les assimiler entr'eux par des forces proportionnellement égales : il est certain qu'il y a un
point juste pour donner à chaque état sa véritable dimension et la meilleure forme de
gouvernement afin qu'il puisse se maintenir
sur sa base : est-il trop vaste, il se conserve difficilement, et il se trouve dans le cas
de la guerre défensive; est-il trop étroit, il
ne peut subsister par lui-même, et il est
obligé d'avoir recours à la guerre offensive.
Quoi qu'il en soit, ce n'est pas ici le lieu de déterminer la grandeur des empires ni la forme
de leur gouvernement, puisqu'en les laissant tels qu'ils sont ils servent également, par
l'équilibre de leurs forces proportionnelles,
à l'exécution de mon plan de pacification,

qui n'exclut ni la démocratie, ni la monarchie, ni l'aristocratie, ni la république, attendu qu'il ne s'agit que de la réunion politique des états sous le même droit des gens par le perfectionnement de leurs rapports extérieurs.

Si encore dans l'Europe il n'y avait que deux empires de la même étendue il ne faudrait pour les garantir respectivement qu'un cordon de troupes à chacun sur la ligne limitrophe; mais comme il y a divers états plus ou moins étendus, plus ou moins peuplés, situés à l'opposite les uns des autres, sous des climats différens, il faut qu'ils aient des troupes pour les défendre de toutes parts.

Au reste, comment pouvoir établir un véritable équilibre entre des états de différente grandeur? Ceux-ci sont situés au-dedans de l'Europe, et se trouvent bornés de tous côtés par d'autres états, ce qui les oblige d'avoir sur pied plus de troupes; ceux-là s'étendent au-dehors, et sont entourés plus ou moins des eaux de la mer, ce qui les met dans le cas d'avoir moins de troupes : il est vrai que si ces derniers n'ont pas besoin de nombreuses armées pour se garantir des guerres continentales ils en ont besoin pour mettre leurs côtes à couvert des escadres ennemies, ce qui rend leur position à peu près la même. Je ne déterminerai pas le nombre de soldats que chaque état doit entretenir; pour cela il faudrait avoir la connaissance topographique de tous les empires européens; mais je dirai que le plus petit nombre de troupes, pourvu qu'il soit suffisant, est le meilleur qu'on puisse avoir, soit pour diminuer les frais de leur entretien, soit pour ne pas enlever tant de bras utiles à l'agriculture, au commerce et aux arts.

Les princes pourront fixer le nombre proportionnel de leurs troupes d'une manière analogue au bien commun sur les notions qui leur seront présentées par les géomètres et les géographes : ceci a plus de rapport à l'intérêt particulier de chaque gouvernement civil qu'à l'intérêt général du gouvernement politique, puisque l'on peut fonder l'équilibre des puissances par un plus grand nombre proportionnel de troupes aussi bien que par un plus petit. Il n'entre donc pas précisément dans mon plan de déterminer le nombre de soldats que chaque état doit entretenir; mais j'observe que c'est sur le rapport de leur grandeur avec celle de leur population que l'on doit se baser, en en diminuant le nombre autant que possible : or, je pense qu'il n'y aurait nul inconvénient de les réduire à un sixième pour tous. (1)

Chaque gouvernement aura le soin de ne pas faire entrer d'étrangers dans la composition de ses troupes; il faut qu'il se serve de gens du pays, sans quoi le but de l'institution serait manqué : on ne trouve rien de plus odieux, ni de plus impolitique que cette permission qu'un citoyen a de se vendre à un prince étranger pour mar-

---

(1) Que la réduction des troupes soit plus ou moins grande, cela ne fait rien à mon plan, pourvu qu'elle se fasse dans chaque état d'une manière proportionnelle.

On pourra m'objecter qu'une suppression de troupes si considérable deviendrait funeste à l'Europe en ce qu'elle l'exposerait aux incursions et aux ravages des Asiatiques et des Africains; mais cette objection est facile à détruire ; car, quoique les peuples européens, considérés séparément, eussent un plus petit nombre de soldats, ils ne formeraient pas moins collectivement une force plus imposante qu'aujourd'hui, parce qu'en vivant sous la protection et sous la surveillance du gouvernement politique ils seraient toujours unis et en paix parmi eux. Au surplus, si une telle irruption pouvait jamais avoir lieu de la part des peuples des autres parties du monde, l'Europe entière s'armerait pour les anéantir.

cher contre l'allié de sa nation, et souvent
même contre sa patrie; ces hommes, dévoués
par état à une obéissance servile, sont prêts à
tout égorger au premier signal. Dans le Brabant, sous son ancienne constitution, il était
défendu d'entretenir des troupes étrangères.

Le métier de la guerre est si noble qu'on
ne peut le faire pour de l'argent sans en devenir indigne : cela doit s'entendre également
et du militaire qui achète un grade d'officier
dans la troupe, et du soldat qui se vend
pour marcher sous des drapeaux étrangers,
et du citoyen qui met un prix à son enrô-
lement : sous les trois rapports on est inca-
pable de porter les armes, parce qu'on n'a
qu'un esprit rampant, vénal et séditieux. Les
Syracusains pour n'avoir que des soldats
mercenaires furent continuellement dans les
horreurs de la guerre civile.

Il y avait naguère en Europe deux nations qui fournissaient, sous le nom de
troupes auxiliaires, des soldats aux différens princes qui les achetaient ; c'étaient
les Suisses et les Allemands ; comme ils
s'engageaient chez l'étranger, il arrivait que
les pères et les enfans, dispersés dans divers
corps militaires, se fusillaient réciproquement.

On ne trouve pas dans l'histoire des exemples d'une telle perversité : les Romains eurent bien des troupes auxiliaires, mais ces troupes n'étaient composées que des peuples vaincus; c'était par force que ces hommes soumis allaient à la guerre avec leurs vainqueurs : la chose est si vraie que quand les légions romaines furent remplies d'auxiliaires Rome ne put plus savoir si les étrangers qu'elle avait incorporés dans ses cohortes étaient réellement ses défenseurs; encore leur accordait-elle le droit de citoyen ou d'affranchi.

Si l'on cherche l'origine de cette horrible coutume on voit par l'histoire que les ducs de *Milan* ont été les premiers princes qui aient pris des Suisses à leur solde. *Marie Sforze* a donné ce funeste exemple aux souverains de l'Europe; mais pourtant elle n'a pas été la première à le donner à l'univers, puisqu'autrefois les Grecs se vendaient comme les Suisses.

Il faut que le trafic de soldats qui se fait de peuple à peuple soit expressément défendu par la loi; qu'il ne soit pas plus permis aux uns de se vendre pour le service militaire qu'aux autres de les acheter : c'est la violation la plus profondé du droit des gens, parce que le principe du mal est en quelque sorte légitimé. Cette barbare coutume, qui renverse à la fois les lois de la nature et les lois positives, ne peut avoir sa source que dans la férocité brutale; elle doit disparaître à jamais des pays civilisés; il faut la reléguer chez les Caraïbes et les Hottentots. Ah! si l'on ne corrigeait pas cet abus le système de l'équilibre serait détruit, ainsi que le plan du gouvernement politique : d'un côté il manquerait des sujets à l'agriculture comme aux différens arts, et de l'autre il y en aurait plus qu'on n'y en supposerait; de manière qu'on ne pourrait plus établir la balance européenne sur un calcul exact, ni sur une juste proportion de troupes : ainsi, un état se trouverait bientôt à la merci de l'autre pour pouvoir subsister; et de là naîtrait encore la guerre étrangère; car un état pouvant avec de l'argent se fortifier aux dépens de l'autre, l'équilibre serait rompu par l'inégalité des contre-poids : mais outre que ces soldats mercenaires seraient une perte réelle pour leur pays natal par les bras qu'ils enleveraient

à l'agriculture, (1) ils tromperaient encore
l'espérance du gouvernement qui les tiendrait
à sa solde, parce qu'ils n'auraient jamais un
intérêt réel à défendre un pays étranger, qui
pourrait même devenir l'ennemi de leur patrie. Si Rome, avons-nous dit, vint à bout
de subjuguer Carthage, c'est que les Romains
avec leurs troupes nationales furent supé-
rieurs aux Carthaginois qui n'avaient presque
que des soldats étrangers. *Turenne* et *Condé*
furent toujours vainqueurs quand ils com-
battirent à la tête des Français, et ils furent vaincus quand ils commandèrent les
Espagnols. (2)

---

(1) Comme le monde est composé de différens
peuples qui tous ont besoin de subsistances, et
dont les droits et les devoirs réciproques les rendent
dépendans pour ce qui concerne la vie, l'agriculture, qui doit pourvoir à leurs premiers besoins, mérite
principalement l'attention des gouvernemens : ce principe est d'autant plus certain que la conservation d'un
peuple se trouve attachée à celle des autres.

(2) On n'en doit pas pourtant faire une règle
générale, parce que les succès militaires dépendent
non-seulement des hommes, mais des tems et des
lieux. On voit par l'histoire que dans la guerre de
1741 deux étrangers, le maréchal *de Lowendal*,
Danois, et le maréchal *de Saxe*, soutinrent dans les
Pays-Bas la fortune de *Louis XIV*.

Pour mettre également tous les états à l'abri des invasions étrangères il faut leur donner à chacun un nombre suffisant de troupes; il s'agit d'égaler les forces militaires pour établir l'équilibre de plusieurs puissances qui sont inégales entr'elles : or, comment y parvenir? Comme dans les règles d'équipollence, lorsqu'un poids d'une livre est deux fois autant éloigné du point d'appui qu'un poids de deux livres ils se contre-balancent aussi bien qu'un poids égal se contre-balance avec un autre poids égal quand ils en sont placés l'un et l'autre à une distance égale, de même les forces disparates des nations peuvent se contre-balancer lorsqu'elles sont proportionnées en raison de la grandeur des états. Si donc la circonférence d'un empire est trois fois plus grande que celle d'un autre empire il faudra donner au premier trois fois plus de troupes qu'au second pour assimiler leurs forces; mais cette proportion progressive de 3 à 1 n'est pas juste si l'on considère que dans les grands états il se perd beaucoup de force militaire à raison de l'étendue qu'elle doit parcourir, comme il se perd beaucoup de mouvement dans l'univers à raison de l'immensité de l'espace.

Nous avons vu au chapitre 6 du livre 2 que l'augmentation des troupes doit se faire plus que dans la proportion de l'étendue d'un état, parce que pour défendre deux fois autant de terrein il faut trois fois autant de soldats, ce qui fait l'accroissement du tiers en sus : or, suivant le calcul géométrique, si un état est deux fois plus étendu qu'un autre état il devrait tenir sur pied trois fois plus de troupes ; ce qui est encore susceptible de bien des variations, à raison des différences physiques et morales qui peuvent se trouver entre les empires à cause des fleuves ou des montagnes qui les séparent les uns des autres.

En général un petit état est proportionnellement plus fort qu'un grand état, parce qu'il n'y a pas un juste rapport de la vîtesse avec laquelle il peut être attaqué à la promptitude qu'il peut employer pour se défendre : il faut alors que les troupes fassent de grandes journées pour parvenir à leur destination, et, outre qu'elles périssent beaucoup dans ces longs trajets, elles arrivent souvent encore trop tard pour repousser l'ennemi. En effet, dans un vaste état tel que la Perse, et dans un empire composé de deux cent millions d'individus tel que la Chine, il faut quelques mois pour rassembler les troupes; on ne force pas leur marche pendant tant de tems comme on ferait pendant quelques jours : voilà ce qui explique comment la Chine fut conquise par six mille Tartares, et comment l'immense empire de *Darius* fut renversé par trente mille Macédoniens.

Il faut donc suivre jusqu'à un certain point la proportion géométrique dans le nombre des troupes de chaque état pour fonder un juste équilibre entre les puissances : la proportion géométrique est celle qui a lieu quand diverses grandeurs comparées ont entr'elles une même proportion : par exemple, la ligne de 2 pieds est à la ligne de 4 ce que la ligne de 8 pieds est à la ligne de 16; car de même que le nombre 2 est deux fois dans le nombre 4, le nombre 8 est deux fois dans le nombre 16. Or, supposons qu'un état soit deux fois plus étendu et plus peuplé qu'un autre état; nous établirons entr'eux une exacte proportion en donnant au grand deux fois plus de troupes qu'au petit : mais il faut lui en donner trois fois autant, par les raisons sus-énoncées, à moins que sa situation ne mette à couvert une partie de ses frontières en l'isolant des autres états.

La proportion peut s'établir aussi bien à
l'égard du plus grand nombre qu'à l'égard
du plus petit lorsque la progression se fait pareillement de chaque côté : ainsi, pour propor-
tionner géométriquement les forces militaires
des états il faut donner trois fois plus de
troupes à celui qui doit garantir le double
de terrein (sauf les exceptions ci-dessus); de
manière que si l'on donne 1000 soldats à celui
qui est la moitié plus petit, il faut qu'on en
donne 3000 à celui qui est la moitié plus grand.
Ici la proportion des troupes n'est égale que
relativement; c'est à dire qu'elle se fait en
raison de l'étendue des états, et non en raison
de leur population; et si, malgré la proportion géométrique, il y a encore quelque inégalité de force entre les états, à raison de leur
situation plus ou moins avantageuse, ou de la
bravoure plus ou moins grande de leurs habitans, elle sera insensible dans la combinaison générale.

La nature se montre partout avec sa règle
compensatrice; elle met les petits états dans le
cas d'entretenir moins de troupes que ne
comporte leur étendue pour les mettre en
équilibre avec les grands états, qui sont dans
le cas et à même d'en entretenir un nombre

plus que proportionnel ; de sorte que si d'un côté elle fournit de plus grands moyens, de l'autre elle fait naître le besoin de les employer ; pour exercer sa puissance elle crée des obstacles afin d'avoir le plaisir de les vaincre : en cela l'art imite quelquefois la nature, mais il ne réussit pas toujours : il arrive souvent que dans le barreau l'avocat fameux pose des questions épineuses afin qu'il y ait plus de mérite à les résoudre ; souvent dans la guerre l'habile général d'armée fait des entreprises difficiles pour que la gloire qui en rejaillit soit plus grande.

Quoi qu'il en soit, pour établir un vrai équilibre il faut non-seulement observer la proportion géométrique dans le nombre des troupes par rapport à la plus ou moins grande étendue des états, mais il faut encore avoir égard à la différence des caractères nationaux : or, quand la discipline militaire sera également perfectionnée dans tous les pays elle pourra corriger ou du moins affaiblir les inégalités que la nature a mises entre les peuples plus ou moins braves ; ceux des pays septentrionaux perdront de leur rudesse ; ceux des états orientaux de leur mollesse, et par le moyen de ce tempérament qui se fera en sens contraire, ils auront les uns comme les autres la puissance de défendre leurs foyers sans qu'ils aient celle de courir sur les terres étrangères. On doit voir ici que les matières du livre III, qui paraissent opposées à mon projet de paix générale, viennent encore à l'appui du gouvernement politique, en assimilant autant qu'il est possible les forces militaires des états européens.

L'équilibre, qui doit répartir une égalité de forces entre les empires, pourrait être encore dérangé par quelque puissance de l'Europe: or, pour fixer tous les gouvernemens dans la paix il faut que chaque peuple ait l'idée de son infériorité s'il va en attaquer un autre; hé bien! par l'institution du gouvernement politique chaque nation, quelque grande qu'elle soit, se croira infiniment plus faible que toutes les autres nations réunies sous la protection de la même puissance : donc elle restera paisible dans ses limites. Comme on n'a jamais vu qu'un seul individu soit plus fort que plusieurs individus, on ne verra jamais qu'un seul peuple soit plus fort que plusieurs peuples.

Malgré le frein que l'équilibre des puis-

sances opposera à la guerre, la nature va
éloigner encore avec sa main bienfaisante ce
fléau destructeur en donnant presque toujours
au peuple attaqué l'avantage sur le peuple
agresseur. Sans doute la prévoyante nature
fonde le meilleur équilibre entre les nations
en rendant chacune d'elles plus puissante dans
son pays ; car généralement les peuples du
Nord et les peuples du Midi sont respectivement plus forts sous leurs propres climats;
ce qui vient à l'appui de l'équilibre qui
doit toujours favoriser le parti le plus faible.

Oui, la nation septentrionale l'emporte chez
elle sur la nation méridionale, *et vice versâ*;
mais vers le climat tempéré elles seront à
peu près égales si elles se trouvent à la même
distance de leur pays. D'après ce principe un
peuple qui habite sous un ciel tempéré a le
double avantage de pouvoir résister aux peuples septentrionaux et méridionaux. Si sa position le met dans le cas d'être attaqué de
deux côtés, il a aussi la faculté de pouvoir
se défendre avec succès de part et d'autre.
Par la même raison quand ce peuple doit se
battre dans les climats glacés contre un peuple
du Midi, et dans les climats chauds contre
un peuple du Nord, il sera supérieur à tous

les deux; mais il le cédera à l'un et à l'autre quand il portera la guerre chez eux. (1)

Comparons maintenant l'équilibre de l'Europe tel qu'il a toujours existé avec l'équilibre de l'Europe tel qu'il existera si l'on exécute le plan proposé : celui-ci aura un effet réel, parce qu'il établira immuablement la paix générale; au lieu que celui-là n'a été qu'un mot vide de sens, parce qu'il supposait une chose qui n'existait pas.

L'histoire du passé nous fait voir que de là même cause on doit attendre les mêmes effets. Or, si dans le systême de l'équilibre qui n'a cessé et ne cesse de diviser l'Europe en deux partis on ne trouve de sûreté que les armes à la main, il faut alors convenir qu'on ne peut jouir de sa liberté qu'aux dépens de sa tranquillité, et souvent même de sa vie : mille exemples justifieraient ce que je dis s'il avait besoin d'être justifié.

On a toujours fait valoir l'équilibre de l'Europe comme un moyen efficace pour assurer l'existence politique de chaque état, en mettant le faible à l'abri du puissant : mais

_____

(1) Il peut y avoir des exceptions dans cette règle, mais elles sont très-rares.

quel a été cet équilibre tant vanté, si ce n'est un vain préservatif contre l'ambition des gouvernemens? La plupart des grands rois se sont servi de ce mot pour étendre leurs domaines; ils ont fait subsister cette apparente garantie pour envahir les terres de leurs voisins : ils craignaient, non sans raison, qu'à défaut de ce subterfuge la politique ne fît établir une garantie plus sûre, et ils conservaient ce simulacre qui leur laissait violer impunément le droit des gens. (1)

En effet les puissances du premier ordre ont toujours réglé comme elles ont voulu le

---

(1) Un souverain pourra dire qu'il n'envahit un état que pour le soustraire à l'envahissement d'un autre souverain dont il redoute la puissance; mais quel droit a-t-il de s'en emparer? La crainte qu'il a d'une pareille usurpation peut-elle justifier la sienne? Ne devrait-il pas plutôt faire en sorte de l'empêcher; car si, comme il le suppose, cet état devait être bientôt envahi, il aurait du moins l'avantage d'exister un peu plus longtems. Les peuples, ainsi que les hommes, ne vivent que pour le moment actuel : or, si la politique qui sacrifie le bonheur de la génération présente à celui de la génération future est condamnable, combien doit l'être davantage celle qui veut échanger pour un état un mal prétendu contre un mal certain.

système de l'équilibre; elles ont fait pencher la balance du côté droit ou du côté gauche, suivant leurs intérêts : cela n'est pas difficile quand on a dans les mains l'empire de la force. Tant que l'équilibre des puissances européennes ne sera pas fondé sur une base solide, c'est à dire qu'il n'y aura pas un gouvernement de nation à nation bien établi, il ne sera qu'un vain fantôme de sûreté. (1)

Il faut pourtant avouer que par l'équilibre les grands états garantissent quelquefois les petits des invasions ennemies; mais cette ga-

---

(1) Il faut que le nombre des troupes de chaque état soit réglé par une loi générale; sans quoi les petites puissances seront toujours sous la dépendance des grandes à cause de l'inégalité de leurs forces : si les premières augmentent le nombre de leurs soldats, les secondes augmentent aussi le nombre des leurs, et dans cette progression respective les petits peuples se trouveront toujours à la merci des grands, qui seront encore plus dans la nécessité de leur faire la guerre, parce qu'ils ne cultiveront plus leur territoire. Il faut donc établir un équilibre qui les mette tous également à couvert : or, cet équilibre, qui ne peut naitre que de l'égalité des contre-poids militaires, doit reposer sous l'égide du pouvoir exécutif du gouvernement, qui, étant armé d'une force suffisante, sera le conservateur du droit des gens.

rantie n'est ordinairement que l'effet de la
jalousie ou de la haine que les souverains
conçoivent les uns pour les autres à raison
de l'agrandissement de leur puissance : ils ne
rendent ce service aux petits princes que dans
la vue de se conserver eux-mêmes ; car combien de fois ils les ont vexés ou dépouillés
quand ils ont été d'accord sur le partage
de leurs dépouilles !

Lorsqu'on voit deux grands états se faire
une guerre opiniâtre il est souvent impolitique de demeurer tranquille spectateur ; car
celui des deux peuples qui est victorieux entreprend bientôt de nouvelles guerres, et une
nation de soldats va combattre contre un
peuple de citoyens. Telle fut la conduite des
Romains ; après avoir soumis les Carthaginois
ils attaquèrent d'autres peuples. C'est pour
cela que les nations neutres sentent le besoin
de se rendre médiatrices entre les nations
belligérantes.

La médiation des puissances telle qu'elle
se fait aujourd'hui est un palliatif contre la
guerre, et non un remède souverain ; elle
peut l'empêcher pour un tems, mais non pas
la détruire pour toujours ; quelquefois elle la
fait terminer, mais il arrive très-souvent

qu'elle ne le peut pas. S'il est vrai que
dans la diète de Ratisbonne des prélimi-
naires de paix ont été signés entre les plénipotentiaires français et ceux des autres
puissances, il est vrai aussi qu'ils s'étaient re-
tirés du congrès de Rastadt sans rien conclure.
Il faut donc quelque chose de plus solide pour
établir une paix durable dans l'Europe.

C'est une règle tirée de l'équilibre que les
états neutres s'interposent pour faire cesser
les hostilités des états belligérans, parce
qu'elles pourraient leur devenir funestes;
mais les arrangemens qu'ils proposent sont
souvent rejetés; c'est une digue qui ne peut
résister au torrent de l'ambition puissante:
il ne faut que voir la hauteur inflexible de
Louis XIV dans le tems de ses prospérités.
Voltaire dit (1) que dans le cours de la guerre
que ce monarque fit contre l'Allemagne,
l'Espagne et la Hollande il y eut toujours des
conférences ouvertes pour la paix; d'abord
à Cologne par la médiation inutile de la Suède;
ensuite à Nimègue par celle de l'Angleterre:
la médiation anglaise fut une cérémonie presque aussi vaine que l'avait été l'arbitrage du

---

(1) Voyez l'Essai sur l'Hist. gén., tom. 7, ch. 177.

pape *Clément IX* aux traités d'Aix-la-Chapelle. *Louis XIV* fut en effet le seul arbitre;
il fit ses propositions le 9 d'avril 1698 au
milieu de ses conquêtes, et donna à ses ennemis jusqu'au 10 de mai pour les accepter.
Ainsi, selon l'usage reçu parmi les puissances,
le vainqueur doit dicter des lois au vaincu.

C'est ordinairement au milieu des armes
et avec tout l'appareil menaçant de la guerre
qu'on négocie pour la paix ; les puissances
cherchent à s'effrayer les unes les autres dans
la vue de faire un traité avantageux ; chacune
veut paraître plus forte que sa rivale, et elles
se ruinent toutes à l'envi. Mais les puissances
qui sont en négociation peuvent - elles alors
discuter mûrement et librement leurs intérêts? Ne sont - elles pas forcées de préci-
piter leurs accords ? C'est ainsi qu'à la paix
de Riswick deux cent mille hommes de
troupes que *Louis XIV* avait sur pied servirent à hâter les conclusions comme il voulut,
parce que ses forces étaient prépondérantes.

Que de précautions les puissances ne
prennent-elles pas pour se tenir en respect réciproquement! Après la conquête de la Flandre
et l'invasion de la Franche - Comté par
Louis XIV il fut conclu un traité d'alliance

entre la Hollande, l'Angleterre et la Suède
pour maintenir l'équilibre : la Suisse remua,
l'empereur leva des troupes dans le dessein
d'arrêter les progrès rapides de ce monarque;
Louis XIV, voyant tous ces mouvemens,
proposa la paix, qui se conclut à Aix-la-
Chapelle. Sous le règne de l'empereur *Fer-*
dinand II la France, la Suède, la Hollande, la Savoie attaquèrent à la fois la
maison d'Autriche pour rétablir l'équili-
bre. Après la prise de *François Ier* l'Angleterre et les princes d'Italie se liguèrent
avec la France pour balancer le pouvoir de
l'empereur. Après la mort de *Charles II*,
roi d'Espagne, l'Autriche se ligua avec l'Angleterre et la Hollande contre la cour de
France. C'est ainsi que tout se balance dans
l'Europe, et que les états sont tombés tour
à tour les uns sur les autres; (1) c'est ainsi
qu'une foule d'intérêts et de passions se
heurtent sans cesse, et font naître les jalousies
et les guerres qui détruisent les empires.

Quoique le système de l'équilibre de l'Europe soit établi depuis peu d'une manière plus

---

(1) Voyez sur tous ces faits l'Essai sur l'Hist. gén.,
tom. 5, 7 et 8.

méthodique, il paraît pourtant par l'histoire des peuples anciens et modernes qu'on s'est toujours réuni, autant qu'on a pu, contre les puissances prépondérantes. En 1200 les rois de Castille, d'Arragon, de Navarre et de Portugal se liguèrent pour résister aux Maures et aux Africains qui tombaient sur eux. En 1215 l'Angleterre et les Pays-Bas se liguèrent contre *Philippe-Auguste*, roi de France, ainsi qu'ils se sont ligués en 1668 contre *Louis IX*. (1)

Pour remonter à un tems plus haut, ce furent ces alliances qui rendirent les Etoliens, les Achaïens et les Béotiens si redoutables parmi les Asiatiques; par elles les Romains subjuguèrent tous les peuples de l'univers, et par elles encore les peuples de l'univers se défendirent contr'eux : c'est pour cela que ces mêmes Romains s'étaient appliqués autant qu'ils avaient pu à rompre toutes

(1) Les alliances ont été imaginées pour procurer la tranquillité aux états; l'inégalité des forces entre les puissances, et l'impossibilité où se trouvent les petites de se garantir par elles seules contre les grandes, sont les motifs qui dans tous les tems ont fait qu'elles se sont liguées entr'elles pour rétablir l'équilibre.

les alliances des autres nations, sachant qu'en
les divisant ils auraient une plus grande supériorité sur elles.

Toutes les alliances des Romains, soit celles
qu'ils formèrent avec les Latins et les Herni-
ques, soit celles qu'ils firent avec les Egyptiens,
les Bithyniens et les Lybiens, soit celles qu'ils
firent encore avec les Etoliens et les Rho-
diens, ne servirent qu'à étendre au loin leur
domination ; ils se servaient de leurs alliés
comme de leurs propres mains pour faire la
guerre à leurs ennemis.

L'équilibre, qui devrait maintenir la paix,
est donc souvent la cause de la guerre qu'on
fait pour l'établir; et, pour comble de malheur,
cet équilibre sert encore, comme nous l'avons
vu, à la rendre plus terrible par les traités
d'alliance que plusieurs puissances signent
entr'elles, contre plusieurs autres puissances.

Il se forme entre les états des traités qui
sont ou d'alliance offensive, ou d'alliance défensive, ou d'alliance repressive, ou d'alliance pacificatrice. Par exemple, l'accord
secret que le roi de France fit en 1670 avec
le roi d'Angleterre pour envahir la Hollande
et les Pays-Bas fut un traité d'alliance
offensive; l'accord que le gouvernement fran-

cais fit en 1778 avec le gouvernement espagnol pour repousser les attaques du gouvernement britannique fut un traité d'alliance défensive ; la ligue que la France, la
Suède, la Hollande et la Savoie formèrent
en 1637 pour refréner l'ambition de *Ferdinand II*, empereur d'Allemagne fut un
traité d'alliance repressive ; l'accord enfin
que la Hollande, l'Angleterre et la Suède
passèrent en 1668 pour faire cesser les hostilités entre la France et l'Espagne fut un
traité d'alliance pacificatrice. Ainsi, les traités
offensifs font commencer la guerre, les traités
défensifs la font continuer, les traités repres-
sifs la font redoubler ; il n'y a que les traités
pacificateurs qui la fassent quelquefois terminer.

Il y a une telle variation de haine et d'amitié, un tel flux et reflux de division et d'union
entre les états, que pour maintenir la balance
de l'Europe une puissance est obligée de
prendre les armes, sans aucun intérêt, ou en
faveur d'un allié, ou en faveur d'un ennemi,
suivant l'occurrence des tems et la politique
des cabinets : ainsi, en 1294 la Castille et
la France furent unies, parce qu'elles étaient
ennemies de l'Arragon ; ainsi, en 1543 la

France et l'Ecosse furent alliées, parce qu'elles étaient ennemies de l'Angleterre ; ainsi , de nos jours l'Espagne s'est séparée des autres puissances dans la guerre de la coalition pour vivre en bonne intelligence avec la République française.

Au milieu du choc indéterminable des états belligérans on a vu souvent les puissances neutres prendre les armes pour défendre l'équilibre tantôt contre l'Autriche, tantôt contre la France, tantôt contre la Suède, tantôt contre la Turquie : les mêmes forces qui s'agitèrent dans un tems pour garantir une puissance s'agiteront dans un autre tems pour la renverser. Ce système d'équilibre sert à allumer la guerre entre les gouvernemens pour empêcher les invasions réciproques ; mais les empêche-t-il ? Au contraire ; il les rend plus fréquentes. On a vu jusqu'à six états coalisés contre autant d'autres états : voilà une singulière balance qui fait accumuler les forces militaires de toutes parts pour détruire les empires, en donnant un libre cours aux guerres des nations. (1) Ces forces, à peu

(1) Après la paix d'Aix-la-Chapelle l'Europe chrétienne ne formait plus que deux partis à peu près

près égales, qui se balancent pour former l'équilibre, ne pourront jamais fixer la paix dans l'Europe tant qu'elles manqueront d'un centre : or, ce centre s'établira au milieu des puissances par le gouvernement politique, qui sera revêtu d'une force générale.

Dans le gouvernement politique comme dans les gouvernemens civils il faut une force centrale qui mette les états comme les citoyens à l'abri de plusieurs forces opposées. Si la puissance publique n'avait pas une force suffisante pour obliger également tous les membres de la société civile et de la société politique, il n'y aurait plus d'unité, de conser-

---

égaux, l'un composé des états de Hongrie, d'une partie de l'Allemagne, de la Russie, de l'Angleterre, de la Hollande et de la Sardaigne; l'autre de la France, de l'Espagne, des Deux-Siciles, de la Prusse et de la Suède; et on se flattait que de long-tems il n'y aurait aucune agression, parce que tous les états étaient armés pour se défendre; mais, malgré les efforts de tant de princes pour soutenir l'équilibre, au milieu de cette paix, fondée sur une surveillance mutuelle, la guerre ne tarda pas à s'allumer entre la France et l'Angleterre pour quelques terreins sauvages dépendans du Canada. Cette querelle, qui éclata en 1755, mit encore en mouvement les puissances de l'Europe, qui se liguèrent de part et d'autre par les craintes qu'elles s'inspiraient.

vation, de sûreté pour les particuliers ni pour
les peuples : or, le gouvernement n'est qu'une
association de plusieurs forces physiques
réunies pour soumettre d'autres forces physiques à la volonté générale, qui est censée juste, et qui devient le point de leur
réunion.

Le système de l'équilibre pour avoir un
effet général doit s'opposer au trop grand
affaiblissement comme au trop grand accroissement des empires. Les puissances de l'Europe en ont si bien senti l'importance qu'aux
approches de la mort de *Charles II*, roi
d'Espagne, elles voulaient que cette monarchie se partageât entre les divers prétendans,
afin que la maison de France ne recueillît pas
entièrement la succession, non plus que la
maison d'Autriche; car on regardait comme
une chose dangereuse que la même tête portât avec la couronne d'Espagne celle de l'empire ou celle de France : mais le roi, indigné
de cette division prématurée, ou plutôt prétendue, donna tous ses états au duc *d'Anjou*, petit-fils de *Louis XIV*; il n'osa les
laisser à l'archiduc *Charles VII*, tant il était
sûr que la crainte de voir l'Espagne, les
Indes, l'Empire, la Hongrie, la Bohême et la

Lombardie dans les mêmes mains armerait le reste de l'Europe ! (1)

L'équilibre que nous voulons établir dans l'Europe n'a pas été inconnu aux peuples de l'antiquité : dans l'Asie, celle des parties du monde qui s'est la première civilisée, les gouvernemens avaient établi également entre eux un équilibre de forces qui, quoique plus irrégulier que celui que nous proposons, les contenait dans leurs limites respectives.

Chez tous les peuples, dans l'ordre civil comme dans l'ordre politique, on a mis en jeu l'équilibre des puissances. La Grèce, divisée en plusieurs républiques à peu près égales pour se maintenir dans la paix, forma un équilibre civil, c'est à dire entre divers membres intrinsèquement réunis. (2) Le partage que les successeurs de *Tamerlan*

(1) Il arriva cependant que la guerre, qu'il craignait d'allumer sous un point de vue, éclata sous un autre par cette fameuse ligue que les puissances signèrent à la Haye en 1701 contre le roi de France. Voyez l'Essai sur l'Hist. gén., tom. 8, ch. 190.

(2) La balance des états a toujours été reconnue pour être si nécessaire, que le vertueux *Cimon*, voyant qu'il ne fallait point laisser Athènes sans contre-poids, détermina les Athéniens à accorder

firent de ses états en quatre monarchies à
peu près égales forma un équilibre politique entre différens corps extrinsèquement
séparés.

L'équilibre des puissances s'établit encore
à raison du génie des princes, ou à raison
de la force des états : le premier est un
équilibre d'hommes, qu'on peut appeler *personnel;* le second est un équilibre de choses,
qu'on peut appeler *réel.* Ces deux espèces d'é-
quilibre, qui dérivent d'un principe différent,
ont l'un sur l'autre une vraie influence; quelquefois il arrive que le génie du monarque,
suppléant à la faiblesse de l'état, met un petit
peuple dans le cas de résister à un grand
peuple qui n'a pas un chef si éclairé; il arrive aussi qu'un grand état, par sa seule
masse, soutient un petit prince contre un
grand prince qui règne sur un petit état.
Charles-Quint et *François I*er formèrent
entr'eux un équilibre *personnellement réel:*
l'un avait des états plus étendus, et l'autre

à Sparte les secours qu'elle implorait dans sa dis-
grace, malgré l'opposition de *Périclès,* qui voulait
laisser ensevelir sous ses ruines cette ville rivale
d'Athènes.

avait un génie plus vaste : chez le premier le prince était plus grand que l'homme, et chez le second l'homme était plus grand que le prince.

Malgré l'équilibre de l'Europe il ne serait pas possible d'établir véritablement la paix entre les nations sans leur rendre le commerce réciproquement libre; tous les traités de paix, toutes les alliances des peuples, tous les rapports des états sont fondés sur des besoins mutuels : or, comme la paix doit naître de la liberté du commerce, il faut que toutes les nations puissent négocier ensemble librement; (1) c'est alors que toutes

---

(1) Le commerce doit être libre pour tous les peuples, afin que chaque état puisse y prendre part en proportion de la fécondité de son sol, et en raison de l'industrie de ses habitans; s'il est gêné par des entraves générales ou particulières, il en résulte une perte réelle pour tous : or, les nations sont encore bien ignorantes sur cette matière; toutes cherchent à s'assurer le monopole de quelques pays : à cet effet elles mettent et font mettre des impôts considérables sur l'entrée des marchandises des autres nations; mais loin de gagner elles perdent. Qu'a produit le fameux traité de commerce de l'Angleterre avec le Portugal? Les avantages que ces deux puissances semblaient devoir en retirer se sont trouvés illusoires.

3.   20

les parties de l'univers auront une existence commune; que le monde entier ne composera plus qu'un seul état, dont les peuples seront les membres.

Le gouvernement politique devra encore fixer la balance du commerce parmi tous les états européens, afin qu'ils aient chacun un égal intérêt à le maintenir; mais quand la paix sera établie par l'équilibre des puissances, la balance du commerce s'établira d'elle-même au milieu des états, qui le feront chacun en raison de leur situation plus ou moins avantageuse, de la fécondité de leur terrein, et de l'industrie de leurs habitans; car si cette balance ne peut exister en tems de guerre, attendu qu'alors les nations neutres ou paisibles font presque tout le commerce, elle existera nécessairement quand la paix générale régnera dans l'Europe, parce que chaque peuple pourra alors faire valoir dans le commerce tous ses moyens industriels, toutes ses ressources territoriales.

Ce qui rompt la balance du commerce n'est pas cette différence qui existe ou qui naît entre les états à raison de leurs plus ou moins grandes ressources, ni les profits plus ou moins considérables qu'un peuple peut retirer de son commerce avec un autre peuple à raison de sa plus ou moins grande activité, mais c'est qu'un état puisse faire exclusivement le commerce au préjudice d'un autre état, parce qu'alors il le tient sous sa dépendance en lui procurant des vivres qu'il lui fait payer toujours bien cher; cela arrive aux états belligérans quand ils sont approvisionnés par les états neutres, qui leur font surpayer les denrées qu'ils leur apportent : ainsi l'ont fait à l'égard de la France les Génois lorsque, dans le feu de la guerre qu'elle avait à soutenir, ils lui apportaient des vivres qu'ils lui vendaient à un prix excessif : alors il n'est plus possible que le prix des marchandises respectives soit dans la proportion convenable, parce que la nation neutre veut faire, comme à titre d'indemnité, des gains trop considérables, afin de balancer les risques qui résultent de cette importation avec les bénéfices qu'elle peut lui procurer, les avantages d'un heureux débarquement avec les pertes qu'elle hasarde.

Le commerce, qui est fondé sur des besoins mutuels, est l'échange des marchandises par le moyen des monnaies ; et la balance est encore rompue quand l'importation a lieu sans l'exportation : or, pendant que la guerre est allumée entre plusieurs puissances les états belligérans reçoivent ou envoient très-souvent des marchandises sans pouvoir effectuer le retour; le commerce qu'ils font alors est tout à leur désavantage; car si des navires neutres chargés de vivres arrivent heureusement dans leurs ports, ils leur font payer bien cher leurs provisions; et s'ils chargent en retour, ce qui n'est pas bien certain, ils achètent encore à bon marché, à cause des risques qu'ils doivent courir, de manière que la balance du commerce est totalement rompue lorsque la guerre a lieu entre les puissances.

Les richesses d'un état consistent en biens-fonds, ou en effets mobiliers, autrement de commerce; ces effets de commerce, qui sont l'argent, les billets de banque, les denrées et les différentes marchandises, s'acquièrent par le travail, par l'industrie et par les inventions humaines; le peuple qui en possède la plus grande quantité est le plus riche du monde.

Pour établir la balance du commerce européen il n'est pas nécessaire que le petit état en retire le même profit que le grand, il suffit que chacun d'eux puisse le faire également en raison de ses facultés; qu'aucun ne puisse en être exclu; qu'ils puissent tous y faire valoir sans gêne leurs moyens d'industrie; qu'ils y jouissent tous sans exception des avantages que la nature leur donne.

Comme par l'équilibre des puissances les forces militaires des états se proportionnent en raison de leur plus ou moins grande étendue, de même par la balance du commerce les avantages des nations se proportionnent en raison de leur situation plus ou moins heureuse : la différence qui se trouve entre les grandes et les petites doit être conservée, parce qu'elle doit exister nécessairement, à moins qu'on ne veuille approprier aux unes ce qui appartient aux autres : or, dans toutes les suppositions du droit naturel elles se mettraient entr'elles sous le même rapport; car il n'est pas possible qu'un petit état qui se trouve dans la pauvreté fasse un commerce aussi considérable qu'un grand état qui possède de grandes richesses : c'est un principe généralement reconnu qu'un pays qui envoie toujours moins de marchandises qu'il n'en reçoit retire moins d'avantage de son commerce que celui qui se trouve dans le cas opposé. Les Hollandais, qui faisaient jadis un commerce très-étendu, faisaient des profits immenses : sous ce rapport ils devaient avoir plus de bénéfice que les Polonais, qui ne faisaient presque aucun commerce. Quand la quantité de ce qu'on peut recevoir se balance avec la quantité de ce qu'on peut envoyer, alors les choses sont en équilibre comme si l'importation et l'exportation étaient moins considérables.

Il n'est pas possible qu'un état dont la situation sera peu avantageuse fasse jamais un commerce si riche que celui qui en aura une très-favorable : pour nous en convaincre jetons d'abord les yeux sur la France, l'Espagne, l'Angleterre et la Hollande : tournons-les ensuite sur l'Allemagne, la Pologne, la Prusse, la Suède et la Norwège, et nous verrons la différence qu'il y a entre ces divers pays : examinons la position d'Alexandrie, de Cadix, de Lisbonne, de Marseille, de Venise, de Gênes, d'Amsterdam et de Londres; nous reconnaîtrons que la nature a fait de ces points différens le centre d'un grand commerce : changeons le local; les ressources et les moyens de prospérité ne seront plus les mêmes.

Règle générale : pour rendre l'intérêt des états parfaitement égal dans le commerce il, n'est pas nécessaire d'établir une égalité de bénéfice entr'eux; il suffit que tous puissent le faire librement, et en retirer les avantages que la nature peut leur accorder, en le faisant avec loyauté. Pour que la condition humaine soit égale dans un état il n'est pas nécessaire d'établir l'égalité des fortunes entre les particuliers; il suffit que chacun d'eux ait une égale protection dans la loi pour jouir paisiblement de ce qu'il possède : il en est de même des peuples à l'égard du commerce.

Ainsi, le peuple qui veut mettre obstacle à cette liberté viole le droit des gens, qui ne lui permet pas de gêner le commerce des autres peuples. Toute l'Europe doit ouvrir les yeux sur cette vérité, et reconnaître qu'il faut un équilibre sur la mer comme il en faut un sur la terre; que l'empire exclusif que l'on veut s'arroger sur cet élément est aussi despotique que celui que l'on s'efforcerait en vain de s'approprier sur la terre : d'où il faut conclure que la cause légitime de la liberté des mers, que la France a toujours soutenue contre l'Angleterre, intéresse tous les états de l'Europe.

Quoi qu'il en soit, le projet de vouloir faire exclusivement le commerce maritime n'est

pas moins chimérique que celui de la monarchie universelle : or, il est à souhaiter pour
le bonheur des états continentaux et des îles
britanniques que les Anglais reconnaissent
l'avantage de la liberté du commerce maritime. (1) L'empire français a déjà répété mille
fois qu'il fallait établir sur mer un équilibre
de puissance, et il n'a pu encore parvenir à
faire adopter un plan si avantageux pour tous
les peuples de l'Europe.

C'est dans la vue de se procurer une bran-
che de commerce plus considérable qu'une
puissance veut interdire la navigation à une
autre puissance; mais après toutes les tentatives

(1) « Il y a vingt ans qu'on citait l'Angleterre comme
une puissance dont la prospérité s'était fort accrue par
nos malheurs; il n'est point vrai que cette nation pût
s'enrichir par nos pertes; il est évident que si elle
venait à bout de consommer notre ruine elle se
causerait un très-grand dommage; car alors nous
n'achèterions plus ses denrées, ses laines ni ses ouvrages... D'un autre côté ne pouvant point ou presque
point faire d'avances pour notre culture, nous aurions
peu ou point de produits; et alors nos vins, nos
huiles, nos sels seraient nuls pour elle, ou plus chers
ou plus mauvais. » *Encyclop. méthod., Econom.*, tom. 2,
art. *Droits de l'Homme.*

qu'elles ont faites pour y parvenir, il ne
paraît pas qu'aucune nation de l'Europe
se soit enrichie aux dépens d'une autre. La
raison d'une juste vengeance dicte naturellement le droit de représailles, et chacune
s'efforce d'y avoir recours; d'où il résulte
qu'elles arment les unes contre les autres:
presque toutes les guerres de la France avec
l'Angleterre ont été occasionnées par cette
rivalité de commerce.

On doit voir par ce qui vient d'être dit que
nous ne voulons pas établir un équilibre seulement de nom, tel que celui qui existe aujourd'hui, mais un équilibre de fait, tel qu'il
existera si l'on fonde le gouvernement politique : or, de cet équilibre doit naître la paix
des états, comme de la paix des états doit
naître la liberté du commerce, qui, cessant
alors d'être une source de calamités, deviendra le lien universel des nations.

CHAPITRE VIII.

Conclusion générale, où est examinée la question si le gouvernement politique ne pourrait pas embrasser tous les peuples du monde.

APRÈS avoir démontré que les hommes sont nés pour la paix, nous avons cherché le moyen de les soustraire aux fureurs de la guerre en instituant dans l'Europe un gouvernement politique qui enchaîne dans un même centre toutes les forces nationales pour le repos général, sans nuire à aucun gouvernement civil.

Par ce gouvernement les nations, réunies entr'elles, seront obligées d'agir toujours de concert pour la sûreté commune; ce sera une société composée de plusieurs sociétés qui reposeront en même tems sous la protection de leurs forces particulières et d'une force générale; qui formeront comme un grand empire qui s'élevera sur la base du droit des gens, par lequel seront réglées les actions de chacune d'elles en particulier, de

manière qu'elles s'acquitteront les unes envers les autres des devoirs de l'humanité, et
concourrónt toutes nécessairement au maintien de la paix.

Peut-être regardera-t-on comme impossible
l'établissement de la paix européenne par
notre projet de gouvernement; mais pourquoi? Quand tous les états de l'Europe, liés
par une constitution générale, telle que celle
qui est proposée, opposeront un obstacle in-
vincible à la jalousie, à la haine, à l'ambition des gouvernemens; que tous les peuples garderont leurs lois, leurs principes,
leurs usages, leur liberté pour former des
nations civilement séparées, quoique réunies
sous un même corps politique, et que tous les
princes conserveront intacts leurs droits, leur
indépendance, leur souveraineté dans leurs
états respectifs, peut-il y avoir de doute que la
paix ne sera solidement établie parmi eux?

Peut-être encore regardera-t-on comme impossible de fonder la paix des empires par le
contre-poids de leurs forces respectives, attendu
la disparité qu'il y a entre les uns et les autres:
telle est pourtant la base du projet de paix,
qu'elle doit s'établir par l'équilibre des puissances militaires, civiles et politiques.

Pour assurer l'observation du droit des gens j'ai cru devoir fonder l'équilibre des états, en rendant proportionnel le nombre de leurs troupes nationales, en composant l'armée protectorale d'un même nombre de troupes de chaque empire, en perfectionnant pareillement chez chaque peuple la discipline militaire, en rendant la représentation des états égale au congrès et au tribunal, en faisant concourir tous les peuples à l'élection du protecteur, et à l'exercice du protectorat, en admettant la permanence des corps intrinsèques du gouvernement politique, enfin en établissant la division et la balance de tous ses pouvoirs constitutifs : tels sont les moyens réels que j'ai employés pour l'établissement de la paix européenne.

Si j'avais, comme tant d'autres publicistes, annoncé aux souverains que la guerre est un fléau destructeur qu'ils doivent écarter de leurs états, (chose que tout le monde sait;) c'eût été un beau conseil de morale que je leur aurais donné; mais en politique il faut proposer des lois : les passions humaines sont aujourd'hui trop violentes pour pouvoir les contenir par les seuls préceptes moraux; des hommes aussi puissans ne se renferment pas toujours volontairement dans les bornes de leurs devoirs. Je rapporterai à ce sujet l'opinion différente de deux grands capitaines de l'antiquité : *Pompée* disait au roi des Parthes que la frontière d'une république sage était la justice; *Agésilas* soutenait que c'était la pointe de la lance : le Romain parlait suivant le sentiment qui devrait animer les hommes; le Spartiate suivant celui qui les fait agir. Or, d'après la remarque de *Bodin* (1) je pense que, vu la dépravation humaine, c'est sur la dernière opinion que le publiciste doit se baser en écrivant pour l'intérêt des peuples.

J'ai tâché d'établir la paix entre les empires par les lois divines, naturelles, civiles, politiques et militaires : par les lois divines, en fortifiant l'union des hommes sous l'aspect de la commune origine; par les lois naturelles, en resserrant les liens de ces mêmes hommes sous le point de vue de la ressemblance; par les lois civiles, en perfectionnant les relations des citoyens sous un bon gouvernement civil; par les lois politiques, en étendant les rapports des peuples sous un bon gouvernement national; et par les lois mili-

---

(1) Abrégé de la Rép., liv. 5, ch. 13.

taires, en proportionnant les troupes de tous les états, et en faisant qu'elles soient également bien disciplinées.

Parce que je me sers, pour détruire la guerre, d'un moyen qui semble la favoriser, c'est à dire de la perfection de l'art militaire, on me fera dire des choses absurdes et contradictoires; mais si l'on considère que l'on ne peut assurer l'observation du droit civil et du droit des gens que par la force de la puissance militaire bien réglée et bien dirigée par les autorités civiles et politiques, on ne révoquera plus en doute la destruction de ce fléau. Par un effet de l'art ce qui paraît le plus contraire à un plan est quelquefois ce qui s'y adapte le mieux : la peinture varie les couleurs, qui par leur mélange forment les plus beaux tableaux ; la médecine fait entrer dans la composition de ses remèdes les poisons les plus subtils. Telle est la discipline militaire, qu'en se perfectionnant également partout elle servira à établir entre les peuples européens une égalité de forces qui formera un équilibre, à la faveur duquel ils jouiront d'une paix perpétuelle; car qu'est-ce que la force militaire sinon le complément du gouvernement civil et du gouvernement politique ? C'est la main qui doit maintenir l'ordre et la tranquillité entre les particuliers d'un état par l'exécution du droit civil, et faire régner la paix entre les peuples de l'Europe sous l'observation du droit des gens : or, si cette main conservatrice n'était pas dirigée d'après des règles certaines, que deviendraient alors les gouvernemens ? Il serait bien à desirer de n'avoir pas besoin de troupes ni de discipline militaire ; mais par quel autre moyen pourrait-on maintenir l'ordre social au milieu des passions humaines qui s'agitent pour le troubler ?

Sans doute que l'art militaire doit servir à perfectionner le droit civil et le droit des gens ; les troupes n'ont été instituées que pour les faire observer l'un et l'autre ; ce sont elles qui, sous l'autorité du gouvernement civil comme sous la puissance du gouvernement politique, doivent établir la sûreté et la paix entre tous les citoyens et tous les peuples : on ne peut pas dire autrement que l'état militaire ne soit la perfection complette de l'état civil et politique, puisque le maintien de la société en dépend essentiellement ; car sans la force armée toutes les lois demeureraient sans exécution, et l'homme vertueux périrait sous les coups du méchant.

Il semble que l'art militaire, perfectionné également chez tous les peuples, doive être incompatible avec l'établissement de la paix générale ; mais il faut observer que sans les fautes qui se commettent de part et d'autre dans la guerre (1) on ne la ferait pas, **vu** qu'elle serait alors inutile : or, quand tous les peuples seront parvenus au même degré de perfection dans l'art de la guerre ; quand les principes de la géométrie et les règles des campemens seront partout également connus, et qu'on saura de même dans chaque état la manière la plus sûre de tuer plus de gens par des évolutions plus promptes, les nations, qui ne se battent qu'à cause de l'inégalité de leurs forces et de la différence de leur tactique, renonceront alors à ce métier destructeur.

Le moyen d'établir la paix des empires consiste donc dans le perfectionnement général de l'état militaire, joint à celui de l'état civil et politique.

Oui, la plus forte preuve que l'on puisse avoir de la destruction de la guerre se tire de

---

(1) Chaque puissance compte sur celles de sa rivale.

son perfectionnement : comme l'escrime, en donnant à chaque duelliste l'adresse de parer les coups qui lui sont portés par son adversaire, fait que le combat singulier est souvent de nul effet pour les deux combattans, de même à force de perfectionner l'art militaire de toutes parts on parviendra à ce point, qu'on ne pourra plus se nuire réciproquement ; car puisque l'art consiste dans la plus grande perfection d'un état quelconque, on ne perfectionnera jamais mieux l'art de la guerre qu'en se mettant entièrement à l'abri de ses coups.

Aux signes d'accablement et de faiblesse on reconnaît que la paix se fera bientôt entre les puissances belligérantes : or, quand les peuples se feront des maux incalculables sans pouvoir se subjuguer, ou qu'ils ne pourront plus s'en faire, ce qui vaudra mieux encore, par l'adresse que chacun aura de les prévenir, ils abandonneront alors tous projets hostiles pour ne pas se battre en pure perte ; cela est si vrai que la paix n'est jamais si affermie que lorsque les puissances sont également en état de faire la guerre avec avantage ; elles n'osent point alors s'attaquer, parce que dans leurs bonnes dispositions respectives elles n'ont plus l'idée vraie ou fausse d'être plus

3.

ou moins fortes. On ne peut révoquer en
doute que les armes à feu, ayant donné
de la supériorité aux nations qui les ont in-
ventées, n'aient été aussitôt employées contre
celles qui ne les connaissaient pas encore.

Mais pourquoi, dira-t-on, n'étendez-vous
pas le gouvernement politique par tout l'univers, ce qui réunirait tous les peuples sous
le même droit des gens? Certes, je souhaiterais bien que la chose fût possible, parce
qu'alors ils ne formeraient plus qu'une même
famille; mais il ne faut pas que l'impossibilité
qu'il y a d'opérer le bien de l'humanité en
masse nous empêche de l'opérer en détail;
de fonder la paix universelle par l'institution
d'un seul gouvernement, si l'on ne peut l'é-
tablir qu'en en instituant un dans chacune
des quatre parties du monde. Les peuples de
la terre ne se sont pas civilisés tous à la fois;
il a fallu des développemens successifs; il a
fallu une marche graduelle et progressive. Tel
est l'esprit humain, qu'il est assujetti au détail pour arriver à ses plus hautes conceptions:
par l'analyse il passe des choses simples aux
choses composées, des principes aux conséquences pour parvenir au but de ses résolutions. La synthèse agit en sens inverse, et
elle y parvient tout de même : ces deux mé-

thodes sont également sûres pour découvrir
les vérités abstraites : il n'y a que l'Être immortel qui n'ait pas besoin de diviser ses
actes pour opérer ses merveilles ; d'un coup
d'œil comme d'un seul jet il peut tout créer
comme tout détruire, parce que le tems est
par rapport à lui un seul moment, et l'espace
un seul point.

Mais encore ne pourrait-on pas instituer dans le monde un seul gouvernement
de nation à nation en renforçant ses puissances constitutives, afin de suppléer par
le nombre des magistrats à la grandeur des
fonctions ? Je réponds que non, parce que
dans un corps si vaste les actes du gouvernement deviendraient plus composés, et les
fonctions des magistrats plus lentes et plus difficiles ; le travail augmenterait d'un côté, et
l'activité diminuerait de l'autre : il est des magistratures qu'on peut étendre et renforcer
en donnant plus de pouvoirs aux magistrats,
ou en les multipliant davantage ; tels sont les
tribunaux dont on augmente le nombre des
juges pour leur donner un plus grand ressort ; encore faut-il que cela se fasse avec
une certaine mesure, car autrement il deviendrait nuisible aux justiciables : mais

dans le gouvernement politique cent magistrats ne feraient pas plus que vingt magistrats éclairés , peut-être moins encore, par
la raison que plus un corps de magistrats est
nombreux , plus les débats sont fréquens, et
plus aussi les décisions deviennent lentes.
Il ne serait jamais possible d'établir un juste
rapport de la vaste étendue et de l'immense
population du globe terrestre avec la grandeur des puissances constitutives du gouvernement universel , quelque nombreuses
qu'elles fussent , attendu que la machine du
corps politique se trouverait sans cesse em-
barrassée par les obstacles que la multiplicité et la discordance des ressorts appor-
teraient dans ses fonctions, qui deviendraient
beaucoup plus difficiles. Il est mathématiquement démontré que la même quantité de forces
peut produire plus ou moins , selon l'emploi
qu'on en fait et la direction qu'on lui donne.
Réunissez, par exemple, cent hommes vigoureux; ils ne porteront pas un bloc de
quatre cents quintaux , soit parce qu'ils ne
pourront pas agir simultanément , soit parce
qu'ils n'auront pas la prise nécessaire sur le
bloc : divisez le même poids en vingt-cinq
parties , et distribuez-en quatre quintaux à

chacun; ils porteront facilement les quatre
cents quintaux.

Dans mon plan j'ai pris autant que j'ai
pu la nature pour guide; afin de marcher
sur ses traces j'ai observé la division qu'elle
a faite de l'univers par les barrières qu'elle a
posées; savoir, les mers, les rivières et les montagnes; j'ai vu qu'il était moralement et physiquement impossible de réunir sous un seul
gouvernement politique toutes les nations qui
existent. Certes, la vaste étendue de la terre,
la différence des climats, des mœurs, des
coutumes, des idiômes, des lois, des religions et des caractères, ne permettent pas
d'établir un seul gouvernement politique pour
toutes les nations de l'univers; j'ai donc laissé
subsister la division géographique du globe,
afin de pouvoir instituer un gouvernement
politique dans chaque partie du monde.

Si l'on avait voulu instituer un seul gouvernement civil en Europe ce projet eût été
gigantesque; peut-être même aurait-il passé
pour insensé : un tel gouvernement aurait
langui nécessairement ; c'eût été un grand
corps inanimé ; car où trouver des ressorts
assez vigoureux pour faire mouvoir une machine si énorme et si compliquée ? En effet ,

les points extrêmes de ce vaste empire auraient été trop éloignés pour pouvoir se donner assistance : or, un seul gouvernement politique dans l'univers serait encore plus impraticable; mais si , comme nous avons dit,
la nature a posé de ses propres mains les
bornes qui séparent les quatre parties du
monde , pourquoi n'observerions - nous pas
cette division ? Il serait contre l'ordre des
choses de vouloir confondre dans cette institution les peuples de l'Europe , de l'Asie , de
l'Afrique et de l'Amérique , qui diffèrent de
religion, de police, de gouvernemens, d'usages,
de mœurs , de nourriture , d'habillemens
et de langage. « La seule ressemblance qu'ils
aient entr'eux, dit *Voltaire* , est cet esprit
de guerre qui depuis des siècles ne cesse
d'ensanglanter la terre. »

Puisque, d'après ce que nous avons vu ,
toutes les nations de l'univers se trouvent sans
cesse exposées aux horreurs de la guerre,
elles ont également besoin d'une institution
qui mette un terme aux calamités qui naissent de ce fléau destructeur. Princes européens , ayez la gloire de donner au monde
le modèle de cette belle institution ; rangez-
vous sous l'égide du gouvernement politique,

et les princes asiatiques, africains et américains ne tarderont pas de suivre votre exemple en instituant comme vous dans chacune de ces trois parties du monde un gouvernement politique qui viendra demander votre affiliation.

Sans doute que sur le type du gouvernement politique de l'Europe il pourrait s'en former un autre dans l'Asie, dans l'Afrique et dans l'Amérique avec les modifications qui seraient exigées par les localités : cela fait, il pourrait s'établir encore un point de ralliement ou de contact entre ces gouvernemens par des relations continuelles, afin d'entretenir une parfaite harmonie parmi tous les habitans de la terre. Ah! si les nations de chaque partie du monde vivaient entr'elles sous un même gouvernement politique; si l'univers, quoique divisé en quatre gouvernemens de cette nature, était rangé sous le même droit des gens, c'est alors que tous les peuples ne formeraient plus qu'une même famille! comme les communications deviendraient rapides! comme les rapports humains seraient grands! comme les états se prêteraient mutuellement secours!

Par l'institution de ces quatre gouvernemens politiques les lois du droit des gens s'observeraient de point en point, parce qu'elles seraient partout uniformes ; (la diversité des lois fait qu'elles sont plus souvent enfreintes, vu qu'elles perdent de leur force en se multipliant de différentes manières; elle fait aussi qu'elles sont plus lentes à se perfectionner, parce qu'elles partagent trop l'attention des gouvernemens) c'est alors que toutes les nations, travaillant dans le même sens et d'après les mêmes principes, atteindraient la vraie perfection; la réforme d'une mauvaise loi dans un état servirait de modèle aux autres : alors on ne verrait plus ces secousses, ces incursions, ces désastres qui font gémir l'humanité. En effet, combien de guerres n'a-t-on pas vues tour à tour entre les peuples de l'Europe, de l'Asie, de l'Afrique et de l'Amérique ! que d'irruptions périodiques des uns chez les autres ! Et si, contre toute vraisemblance, jamais il arrivait que dans les quatre parties du monde il s'allumât un incendie général, les peuples des autres parties courraient aussitôt pour l'éteindre.

Ce serait certainement un beau spectacle de voir au centre de chacune des quatre parties du monde un gouvernement composé de magistrats de toutes les nations, chargés de maintenir l'union parmi elles. Les fonctions de ces augustes corps consisteraient à balancer les forces des empires de manière à fixer invariablement l'équilibre de l'Europe, de l'Asie, de l'Afrique et de l'Amérique; par ce moyen chaque état resterait paisiblement dans ses limites; on ne verrait plus un peuple courir sur un autre peuple : tous mettraient leur rivalité à se rendre à l'envi de bons offices. Puisse donc un tel projet avoir un jour son exécution pour former ce lien de bienveillance et d'amitié qui doit unir tous les peuples! puisse-t-il nous ramener à cet état primitif où toutes les nations, garantes les unes envers les autres, s'enchaînaient réciproquement dans la paix ! (1)

_____

(1) Peut-être que mon projet sera regardé comme une chimère par des hommes qui diront que la guerre existera toujours comme elle a existé, parce qu'on n'a jamais pu la détruire : qu'ils disent donc qu'ils sont eux-mêmes immortels parce qu'ils sont encore vivans! Dire que la destruction de la guerre est impossible, parce qu'on ne l'a pas encore détruite, c'est dire que son existence est aussi impossible avant qu'on l'ait

Comme l'effet de la découverte de l'Amérique a été de lier l'Asie et l'Afrique à
l'Europe, l'effet de la correspondance des

---

faite; et comme l'homme a été en paix avant que d'être
en guerre, il serait resté alors paisible sans devenir
guerrier : mais puisque tous les êtres qui vivent dans
le monde sont sujets à la destruction, la guerre doit
être destructible; il faut donc avouer que son anéantis-
sement est possible, ou qu'elle n'existe pas : or, elle
existe bien souvent; donc elle peut être détruite. On ne
peut regarder comme chimérique le plan que j'ai formé
pour la détruire, sans regarder également comme chimérique les plans que l'on forme pour la faire naître;
car la guerre et la paix sont deux êtres d'une essence également simple, deux contrastes qui s'excluent
réciproquement.

Tout dépend du principe : en accordant un moment l'existence de la paix on prouve qu'elle peut
toujours exister; il n'y a en cela qu'une prolongation
de tems pacifique par la réunion des espèces à leur
genre; il n'y a que l'amplitude d'une seule et même
essence : c'est la persévérance dans le repos où l'on se
trouve; c'est la continuité de la paix qui peut devenir
éternelle. Le géomètre part d'un principe, et va jusqu'à
l'infini en multipliant les lignes et les pouces; de
même le publiciste peut fonder la paix perpétuelle des
états en multipliant dans la même situation les minutes
et les heures.

La paix doit s'établir dans l'ordre moral et phy-

quatre gouvernemens politiques serait de lier
par le commerce toutes les parties de l'univers pour une paix perpétuelle : par cette

---

sique : la paix morale est la tranquillité de l'esprit,
qui provient du calme des passions; la paix physique
est le repos des corps animés, qui provient de leur
harmonie : ainsi, quand les corps sont discordans et
les passions éveillées la guerre existe; quand au contraire les corps sympathisent et les passions dorment,
la guerre est détruite : donc la paix est un être moral
et physique qui naît du sommeil des passions et de
l'harmonie des corps.

Quoique le physique et le moral aient ici l'un sur
l'autre une influence réelle, il ne faut pas pourtant
les confondre : on s'abuserait si l'on voulait arrêter
par des corps ce qui est produit par des esprits, et
par des esprits ce qui est produit par des corps.
Suivant la règle d'alliage la réalité ne convient pas
à la figure, ni la figure à la réalité. Une puissance
physique serait nulle contre l'imagination; une puissance métaphysique serait nulle contre les corps; mais
transposons-les à l'inverse, et l'idéal marchera avec
l'idéal, le matériel avec le matériel : il faut entendre par-là que la seule réalisation de mon projet
de paix, s'il est vrai que la pratique en soit sûre,
peut détourner et même anéantir bien des projets
de guerre dans leur origine, et que, s'il ne les dé-
tourne pas, l'exécution qu'on en fera à l'aide d'une

sublime institution l'Europe, l'Asie, l'Afrique
et l'Amérique parviendraient à un si haut
degré de puissance et de gloire que l'histoire
n'aurait jamais rien présenté de semblable
aux nations de la terre. Que l'on oppose les
biens de la paix aux maux de la guerre; que
l'on compare le petit nombre de troupes qu'il
faudrait entretenir avec ces armées innom-
brables qu'on entretient à grands frais, même
lorsqu'elles sont inutiles, et l'on reconnaîtra
l'importance de cette sublime institution.

---

force réelle opérera l'effet en repoussant toutes les
entreprises hostiles.

Sans doute il n'est qu'idéal l'effet que l'impression
des mots produit sur les passions; mais une théorie
bien tracée conduit à une pratique infaillible; or, telle
est celle qui opère nécessairement : en effet, un plan qui
ne conseille pas seulement la paix, mais qui y force au
besoin, est un plan d'une exécution certaine. Si je disais
que les plus fermes soutiens des empires sont la justice,
la modération, la bonne foi, la bienveillance, la
concorde et la paix, je ferais un beau raisonnement
inutile : les passions, avons-nous dit, sont trop vives
pour être refrénées par des préceptes moraux; il
faut des forces physiques, des troupes, des contre-
poids pour établir la paix parmi les puissances : or,
tous ces moyens sont disposés dans mon projet de
manière à pacifier les nations.

Cette théorie est fort belle; mais il faut que toutes les puissances de l'Europe se réunissent pour coopérer à ce grand ouvrage, qui ne peut naître que de l'heureux concours de toutes les volontés principales : et comment cela pourra-t-il se faire? Si tous les empires étaient égaux il serait facile de les réunir sous ce gouvernement politique, parce que, ne pouvant alors dominer les uns sur les autres, ils consentiraient tous à cette favorable institution.

Il ne faut pas se le dissimuler, c'est l'inégalité des forces nationales qui fait naître les hostilités; c'est l'espoir d'envahir des terres étrangères qui arme les puissances : or, quand l'équilibre européen sera établi sur des contrepoids parfaitement égaux, que tous les états graviteront, physiquement parlant, vers un même centre, alors les souverains n'auront plus envie de se subjuguer, et il n'y aura plus de guerres entre les nations.

Le plus sûr moyen d'établir solidement l'équilibre dans l'Europe est donc d'égaliser les puissances entr'elles : or, comment y parvenir sans blesser quelque intérêt particulier, c'est à dire sans accroître les unes au détriment des autres? Tous les publicistes ont été d'accord sur l'utilité de l'équilibre ; ils ont généralement reconnu que le vrai moyen de le conserver c'est de rendre égales les forces des états ; mais ils n'ont pu trouver la manière de réaliser ce projet sans faire des injustices. *Henri IV,* dit-on, avait conçu le plan de former quatorze dominations égales dans l'Europe ; mais ce plan a passé pour chimérique, ainsi que tant d'autres qu'on a faits sur cette matière, soit parce qu'il aurait fallu déranger les états pour l'exécuter, soit parce qu'en l'exécutant l'équilibre n'aurait pas subsisté de la manière dont on devait le fonder ; car des contre-poids établis sans régulateur, sans point d'union, et pour mieux dire sans force concentrique entre des puissances devenues tout à coup égales, et vraisemblablement jalouses et ennemies, auraient été bientôt détruits par l'accroissement des unes au préjudice des autres, à raison de la différence des vertus civiles et militaires, et à raison aussi de l'ouverture des successions royales : mais dans le gouvernement politique que nous formons l'équilibre européen s'établit sur des bases fixes et immuables sans déranger les états, puisque les puissances s'unissent ensemble sans cesser d'être chacune ne particulier toujours souveraine.

Comme par cette union politique il ne devra plus y avoir dans l'Europe deux partis en équilibre, mais un seul parti, toutes les forces seront réunies et dirigées vers le but général de la paix; de sorte qu'il ne pourra plus naître dans la tête d'aucun souverain l'idée de déclarer la guerre pour étendre sa domination, parce qu'ils sauront tous que le premier qui prendra les armes se déclarera l'ennemi commun, et sera traité comme tel par le gouvernement Européen.

Peut-être les souverains craindront-ils, comme nous l'avons observé, que ce gouvernement ne devienne bientôt trop puissant; mais pour dissiper cette frayeur ils n'ont qu'à considérer la constitution de cette société politique; car enfin qui sont ceux qui composent le gouvernement? Ne sont-ce pas eux-mêmes qui en sont les bases fondamentales? ne sont-ce pas eux qui en exercent immédiatement le pouvoir législatif, et médiatement le pouvoir exécutif? ne veillent-ils pas sur la conservation de leur autorité par les yeux du congrès? ne décident-ils pas leurs différends par l'organe du tribunal? n'exécutent-ils pas les lois qu'ils ont faites par le ministère du protectorat? ne doivent-ils pas fournir aux dépenses tant civiles que militaires de ces trois corps? ne doivent-ils pas enfin être les maîtres de tout? Chacun d'eux n'a donc pas plus à craindre du gouvernement politique qu'il n'aurait à craindre de lui-même; car il est évident que le pouvoir exécutif, qui se tempère en se distribuant dans trois corps différens, ne peut que remplir fidèlement ses fonctions, parce qu'il les exerce sous les ordres du pouvoir législatif, qui a le droit de punir tout prévaricateur.

Ainsi, quand le nombre des troupes du protecteur sera de beaucoup inférieur à celui des troupes des états; quand la somme des frais annuels du gouvernement sera réglée et fournie par les souverains; quand les membres des corps constitutifs de ce même gouvernement ne pourront dépasser les bornes qui leur seront assignées, à peine d'être destitués, comment cette institution pourra-t-elle alors devenir dangereuse à ceux-là même qui doivent et peuvent la former de manière qu'elle ne leur porte jamais atteinte?

Il y a deux choses à considérer dans ce plan; savoir, la bonté absolue du projet, et la facilité de l'exécution : sous le premier point de vue il suffit qu'il soit praticable en lui-

même pour être admissible; et sous le second
il faut que ce qu'il y a de bon soit tel, qu'il
s'adapte à chaque gouvernement pour le bien
de tous : or, cette dernière condition dépend
essentiellement des rapports humains et politiques qu'il est aisé d'apercevoir et de saisir
dans une institution qui doit procurer la paix
et le bonheur aux peuples. Mais quelque favorable que soit au monde le gouvernement
politique, il ne peut créer le premier germe
de son existence; il faut que ce principe
inné de la nature humaine reçoive son dé-
veloppement des princes européens, qui,
malgré leur puissance, ont besoin, pour parvenir à former cette institution, que les états
en soient susceptibles comme nous l'avons
démontré.

Ah! si les souverains sentaient le prix de
l'assistance mutuelle, ils ne balanceraient pas
à se réunir sous la protection du gouvernement politique : alors les plus prompts
secours voleraient de toutes parts chez le
peuple qui les implorerait dans sa détresse;
tour à tour les nations les plus éloignées se
rapprocheraient pour se communiquer leurs
services; ces bienfaits du gouvernement con-
soleraient l'ami de l'humanité : ainsi la loi

naturelle deviendrait une loi politique. Eh! quelle source de bonheur pour les peuples, et de gloire pour les princes, qui vivraient alors dans une paix inaltérable ! Ce tableau serait d'autant plus touchant qu'il nous représenterait tout le genre humain réuni en une seule famille.

FIN DU TROISIÈME ET DERNIER VOLUME.

TABLE
DES MATIÈRES.

LIVRE SIXIÈME.

De la Perfection de la Société de peuple à peuple par l'institution d'un Gouvernement politique qui doit établir la Paix générale et perpétuelle.

FIN DE LA TABLE DU TROISIÈME ET DERNIER VOLUME.

TABLE
DES MATIÈRES.

LIVRE SIXIÈME.

De la Perfection de la Société de peuple à peuple par l'institution d'un Gouvernement politique qui doit établir la Paix générale et perpétuelle.

FIN DE LA TABLE DU TROISIEME ET DERNIER VOLUME.

ERRATA DU TROISIÈME VOLUME.

Page 71, lig. 21, au lieu de *en deux*, lisez *à deux*.

Page 80, lig. 26, au lieu de *en deux*, lisez *à deux*.

Page 129, dernière lig., au lieu de *secondes*, lisez *seconds*.

Page 185, lig. 5, au lieu de *venir*, lisez *survenir*.

Page 144, lig. 18, au lieu de *conservera*, lisez *conserveront*.

Page 197, lig. 15, au lieu de *de la Perse*, lisez *de Perse*.

Page 208, lig. 10, au lieu de *les conséquences*, lisez *la conséquence*.

Page 324, lig. 25, au lieu de *vingt-cinq*, lisez *cent*.

Page 334, dernière lig., au lieu de *ne particulier*, lisez *en particulier*.

www.ingramcontent.com/pod-product-compliance
Lightning Source LLC
Chambersburg PA
CBHW060133200326
41518CB00008B/1019